Winfried Speitkamp

Deutsche Kolonialgeschichte

Reclam

RECLAMS UNIVERSAL-BIBLIOTHEK Nr. 14096
2005, 2025 Philipp Reclam jun. Verlag GmbH,
Siemensstraße 32, 71254 Ditzingen
info@reclam.de
Aktualisierte Ausgabe 2025
Druck und Bindung: Elanders Waiblingen GmbH,
Anton-Schmidt-Straße 15, 71332 Waiblingen
Printed in Germany 2025
RECLAM, UNIVERSAL-BIBLIOTHEK und
RECLAMS UNIVERSAL-BIBLIOTHEK sind eingetragene Marken
der Philipp Reclam jun. GmbH & Co. KG, Stuttgart
ISBN 978-3-15-014096-3
reclam.de

Speitkamp
Deutsche Kolonialgeschichte

Reclam Sachbuch

Inhalt

Zum Thema

Die deutsche Kolonialgeschichte ist noch nicht zu Ende. Zwar ist die deutsche Herrschaft in Übersee scheinbar Episode geblieben: 1884 mit der Schutzherrschaft über verstreute Territorien in Afrika begründet, bis zum Ende des Jahrhunderts auf Gebiete im Pazifik und in China erweitert, ging das deutsche Kolonialreich bereits im Ersten Weltkrieg wieder unter. Aber in Straßennamen und Denkmälern ist die Kolonialzeit immer noch präsent, in Ausstellungen und Romanen wird sie ins Bewusstsein gerufen, und in wissenschaftlichen Forschungen und Debatten wird um sie gerungen. In jüngerer Zeit nimmt das Interesse sogar wieder zu. Mehrere Faktoren haben dazu beigetragen. Das umfasst auf globaler Ebene Konflikte um Symbole kolonialer Herrschaft wie Denkmäler, zudem die Kritik an Elementen eines strukturellen Rassismus in der postkolonialen Welt, ferner Forderungen nach der Rückgabe von Kulturgut aus Afrika oder Asien, das im Kontext kolonialer Expansion in westliche Museen gebracht wurde. In Deutschland zielen die Auseinandersetzungen insbesondere auf die Folgen der Kolonialkriege am Beginn des 20. Jahrhunderts. So wurden aus Namibia vor amerikanischen Gerichten Klagen gegen die Bundesrepublik und deutsche Firmen eingereicht. Dabei ging es um eine materielle Entschädigung für den Tod Zehntausender Herero, die sich im Jahr 1904 gegen die Kolonialherrschaft in Deutsch-Südwestafrika erhoben haben. Überdies jährten sich 2004/05 die großen Aufstände gegen die deutsche Herrschaft in Südwest- und Ostafrika – also die Kolonialkriege – zum hundertsten Mal. Das regte wissenschaftliche Forschungen an. Die Debatten fokussieren sich immer wieder auf den genozidalen Charakter der deutschen Kolonialkriege in Afrika. Dahinter steht freilich eine Frage, die primär nicht auf die Kolonien verweist, sondern auf den zentralen Bezugspunkt des kollektiven Gedächtnisses in Deutschland überhaupt, die Frage nämlich nach den Hintergründen und der Vorgeschichte des Völkermords an den europäischen Juden, nach dem Zusammenhang von kolonialer Aggression und nationalsozialistischer Rassenpolitik, allgemeiner nach den Kontinuitäten und Traditionslinien deutscher Geschichte.

Die Frage ist nicht grundsätzlich neu. Hannah Arendt hat bei der Suche nach den »Elementen und Ursprüngen totaler Herrschaft« bereits 1951 Zusammenhänge zwischen Imperialismus und totalitären Systemen hergestellt, und die Forschung der DDR hat früh die Verbindung von Kapitalismus, Imperialismus und Faschismus in Deutschland betont. Die westdeutsche Forschung hat seit den späten 1960er Jahren die Kontinuitäten deutscher Geschichte in den Blick genommen. Anstöße kamen dabei einerseits von der Studentenbewegung und der Solidarität mit Befreiungsbewegungen in der Dritten Welt, andererseits von der kritischen Revision nationalkonservativer Geschichtsbilder und der Suche nach den Bedingungen, die das »Dritte Reich«, den Zweiten Weltkrieg und den Holocaust ermöglicht hatten. Dahinter stand die These, dass Deutschland sich spätestens seit dem frühen 19. Jahrhundert anders als die westeuropäischen Nachbarstaaten entwickelt und einen Sonderweg beschritten habe. Dazu beigetragen hätten das Ausbleiben einer politischen Revolution, die Verspätung der Industrialisierung und die Art der nationalstaatlichen Einigung von oben durch Bismarcks Kriege. Diese Belastungen hätten zur Schwächung von Liberalismus und Bürgertum beigetragen und die Anfälligkeit für rassistische Erklärungsmodelle und autoritäre Lösungen gesteigert. In den Kolonien sei vor 1914 erprobt worden, was nach 1933 bürokratisch perfektioniert wurde.

Die Forschung der letzten Jahrzehnte hat die Frage nach unheilvollen Kontinuitäten der deutschen Geschichte aufgegriffen, dabei freilich die Perspektive verändert. Unter dem Einfluss von Neuer Kulturgeschichte, Historischer Anthropologie und Postcolonial Studies hat sie stärker als zuvor den Anspruch erhoben, auch Selbstbehauptung und »Eigensinn« der Bevölkerung in den Kolonien in den Blick zu nehmen. Der Kolonialbevölkerung sollte gewissermaßen ihre eigene Geschichte zurückgegeben werden, sie sollte nicht bloß als Objekt, als hilfloses Opfer deutscher Gewalt, sondern als handelndes Subjekt erscheinen. In diesem Sinn wurde nach Spielräumen und Optionen, nach Überlebensstrategien und neuen kollektiven Identitäten gefragt. Zugleich wurde die Aufmerksamkeit stärker auf Interaktionen und Transfers gelenkt, dabei auch die Rückwirkung auf die deutsche Geschichte und die Erinnerungskultur einbezogen. Derart richtete sich der Fokus wieder auf die Belastungen der deutschen Geschichte, auf die Kontinuitäten des Rassismus und die Vorbereitung des »Dritten Reichs«. Ganz neue Impulse erhielt die Forschung zu den deutschen Kolonien in den letzten Jahren überdies durch die Rezeption innovativer Ansätze der soziologischen Gewaltforschung. Nunmehr wurden nicht nur die Träger von Herrschaft und Gewalt wie Gerichtsbarkeit, Polizei und Militär in den Kolonien in ihren Handlungsbedingungen untersucht. Vielmehr konnte auch die genozidale Politik der deutschen Kolonialherren in den Kriegen von 1904/1905 nun anders erschlossen und analysiert werden. Deutlich wurden die Konstellationen, Faktoren und Logiken einer Radikalisierung der Gewalt in der kolonialen Situation.

Die vorliegende Darstellung will mit der Wiederaufnahme des älteren Begriffs der »Kolonialgeschichte« (Valentin, 1915) die enge, wenn auch ständigem Wandel unterworfene Verbindung und Wechselwirkung zwischen Metropole und Kolonien ausdrücken. Kolonialgeschichte in diesem Sinn ist erstens die Geschichte von Gewalt, Eroberung und Durchdringung ebenso wie von Selbstbehauptung und Widerstand. Kolonialgeschichte ist zweitens die Geschichte der »kolonialen Situation«, und zwar in Übersee ebenso wie in der Metropole. Das umfasst Wahrnehmungen, Begegnungen und Austauschprozesse. Hier gilt es, eine bloß dichotomische Betrachtung von Tätern und Opfern zu vermeiden und die Handlungsmöglichkeiten der Kolonisierten einzuschließen, Felder von Beteiligung, Kooperation oder Kollaboration zu berücksichtigen. Kolonialgeschichte im hier gemeinten Sinn ist drittens die Geschichte der von der Kolonisierung ausgelösten gewollten und ungewollten Effekte, von Zerstörung und Niedergang ebenso wie von Entwicklung und Modernisierung, von ethnischer Zersplitterung und Auflösung ebenso wie von sozialer Rekonstruktion und Nationsbildung in kolonialer und nachkolonialer Zeit. Schließlich ist Kolonialgeschichte viertens die Geschichte der Erinnerung an Kolonialherrschaft, die Geschichte der Kämpfe um Deutungen und Bewertungen kolonialer Erfahrung. Dabei sind Metropole und ehemalige Kolonien stärker aneinander gebunden, als dies heute meist wahrgenommen wird. Gerade in dieser Hinsicht ist die Kolonialgeschichte noch nicht beendet.*

* Bezeichnungen und Schreibweisen afrikanischer und chinesischer Namen folgen der jeweils zeitgenössischen Praxis. Deshalb wird das koloniale Deutsch-Südwestafrika nicht mit dem erst später geschaffenen, insofern für die Kolonialzeit anachronistischen Begriff »Namibia« benannt, und auch für chinesische Orte der Kolonialzeit wird die seinerzeit übliche deutsche Umschrift verwendet, etwa Kiautschou und Tsingtau (statt heute Jiaozhou und Quingdao).

Die Darstellung hat in mancherlei Hinsicht von den Diskussionen im Gießener Sonderforschungsbereich der DFG über »Erinnerungskulturen« profitiert. Martin Huscher und Daniel Stange halfen bei Vorbereitung und Register.

Mein besonderer Dank gilt Susanne Grindel, die ebenso viel Anregung wie Anregungen gab. Gewidmet ist der Band meinen Kindern: Fabian, Jonas, Jakob, Linus und Lukas.

1
Vorgeschichten

Neue Weltbilder

Wann und warum der moderne europäische Imperialismus einsetzte und ein beispielloser Wettlauf zunächst der europäischen Mächte, dann auch der USA und Japans um die Aufteilung der Welt begann, ist lange kontrovers diskutiert worden. Erklärungsmodelle, die das Gewicht auf ökonomische Faktoren legen, konkurrieren mit solchen, die staatliche Macht oder nationales Prestige betonen. Ansätze, die vom Primat der Außenpolitik ausgehen, stehen neben solchen, die den Vorrang innenpolitischer Interessen annehmen. Je nach Erklärungsmuster bieten sich unterschiedliche Daten für den Auftakt zum Wettlauf um Kolonien an. Ältere Forschungen neigten dazu, Zäsuren zu setzen wie die britische Herrschaft in Ägypten 1882 oder die Berliner Afrika-Konferenz (»Kongo-Konferenz«) von 1884/85. Neuere Forschungen betonen eher die Kontinuitäten der europäischen Expansion im Fernen Osten und der Erschließung der afrikanischen Küstenräume. Im Zeitalter krisenhafter industrieller Modernisierung, protektionistischer Politik und nationalstaatlicher Machtentfaltung, zumal angesichts des Auftretens eines neuen Faktors auf der internationalen Bühne, des 1871 gegründeten Deutschen Reichs, habe sich die Auseinandersetzung um Stützpunkte und Marktzugänge in Übersee rapide beschleunigt und schließlich ein irrational anmutender Konkurrenzkampf um die letzten freien Flecken der Erde eingesetzt. Dem habe sich kaum ein überseeisches Gebiet entziehen können, weder der afrikanische Raum, der zum größten Teil in europäische Kolonialreiche eingegliedert wurde, noch China, das im Rahmen des so genannten informellen Imperialismus unter die faktische Bestimmungsgewalt europäischer Staaten geriet.

Tatsächlich ist es schwer, klare Wendepunkte in der Geschichte des europäischen Imperialismus zu entdecken. Nicht einmal der Beginn der deutschen Kolonialgeschichte ist auf ein präzises Datum zu fixieren. Bismarcks Entscheidung vom Sommer 1884, überseeische Territorien unter deutschen Schutz zu stellen, bedeutete nur scheinbar eine Zäsur, sie stand in der Kontinuität vorausgegangener Aktivitäten des Reichs in Übersee und führte auch in der Folge lediglich zur schrittweisen Ausweitung deutschen Engagements. Die deutsche Kolonialpolitik vollzog sich im Kontext europäischer Bestrebungen und globaler Wandlungen. Sie reagierte auf Veränderungen im internationalen System und an der so genannten Peripherie; sie spiegelte zugleich Wertungen und Stimmungen, die von globalen Entwicklungen ausgelöst worden waren. Sie war dabei von realen Bedrohungen ebenso wie von antizipierten Gefahren geprägt. Insofern war sie weniger Strategie zur Bewältigung einer krisenhaften Situation als vielmehr selbst Ausdruck einer Krise, die Selbstverständnis und Lebenswelt der Menschen des 19. Jahrhunderts erschütterte.

Diese Krise war Folge neuartiger Globalisierungsprozesse. Neben der Beschleunigung des Wandels stellte vor allem die Verdichtung der Welt eine zentrale Erfahrung der Menschen des 19. Jahrhunderts dar. Der Raum wurde enger. Die Weltbevölkerung wuchs von rund 950 Millionen im Jahr 1800 über 1,2 Milliarden 1850 auf 1,6 Milliarden im Jahr 1900. Die Bevölkerungszahl in Deutschland (Gebiet des Deutschen Reichs von 1871) stieg im selben Zeitraum von etwa 23 Millionen um 1800 über 35 Millionen 1850 auf gut 56 Millionen 1900. Zugleich schrumpften die Entfernungen. Eisenbahn, Dampfschiff (seit 1860 Ablösung des Segelschiffs im Überseeverkehr) und Telegraph (erstes Transatlantikkabel 1866) überbrückten große Räume schneller als zuvor, und neue Verkehrswege wie der

Suezkanal (1869) verkürzten die Strecken. Nachrichtenagenturen (in Europa seit der Jahrhundertmitte) verbreiteten Neuigkeiten rascher als Post und Kuriere. Hatten Nachrichten von Übersee nach Europa zu Beginn des 19. Jahrhunderts über den Seeweg noch Wochen gebraucht, so konnten sie um 1880 binnen Stunden ausgetauscht werden, zumindest mit den Küstenorten und den größeren Städten. Zudem setzten sich Millionen Menschen in Bewegung. Das 19. Jahrhundert wurde zum Jahrhundert der Überseewanderungen. In den frühen 1870er Jahren verließen jährlich über 350 000 Menschen Europa, Anfang der 1880er Jahre stieg der Jahresdurchschnitt auf über 500 000 an, darunter waren 1881 und 1882 jeweils rund 200 000 Deutsche.

Mit der Verdichtung der Welt wuchs das Interesse. Geographen, Kaufleute und Missionare drangen tiefer in bislang unbekannte Regionen ein. Seit den 1840er Jahren waren auch Deutsche beteiligt. Dazu gehörte als erster namhafter deutscher Forscher der Berliner Altertumswissenschaftler und Geograph Heinrich Barth, der 1849 zu einer Expedition nach Afrika aufbrach, oder der Arzt Gustav Nachtigal, der Afrika in den Jahren 1869 bis 1875 bereiste. Ihre Berichte erregten Aufmerksamkeit und fanden Leser in der entstehenden bildungsbürgerlichen Kultur. Sie prägten das Bild der noch unbekannten Regionen, sie zeichneten Bilder von Vielfalt und Exotik und weckten Interesse für ferne Königreiche und Kulturen, für unendliche Weiten und sagenhafte Reichtümer.

Dieses Interesse hatte allerdings eine Kehrseite. Indem Entfernungen schrumpften und fremde Welten näher rückten, stieg zugleich das Bedürfnis nach Orientierung. Neue Denkansätze versuchten die Völker der Welt zu systematisieren und Erklärungen für Geschichtsablauf und globale Ordnung zu geben. Die Erkenntnisse der Biologie, an erster Stelle Charles Darwins, dessen Werk *Über die Entstehung der Arten* 1859 in London erschienen war, wurden nun auf die menschliche Gesellschaft übertragen. So veröffentlichte der deutsche Zoologe Ernst Haeckel 1869 eine *Natürliche Schöpfungsgeschichte*. Derartige sozialdarwinistische Ideen, die zu den Rassentheorien des späten 19. Jahrhunderts hinleiteten, boten nicht nur eine Erklärung für Unterschiede zwischen den Kulturen und Völkern, vielmehr schien die Theorie vom beständigen und unvermeidlichen Kampf ums Überleben und von der Durchsetzung des Stärkeren den europäischen Staaten das Recht zu geben, überseeische Territorien zu erobern. Dabei veränderte sich auch die Bewertung außereuropäischer Kulturen. Hatten Reisende und Forscher wie Barth und Nachtigal noch deren Eigenständigkeit und Wert anerkannt und von den »Königreichen«, »Staaten« oder sogar »Nationen« in Übersee gesprochen, so war am Vorabend der imperialistischen Expansion zunehmend bloß noch von »Stämmen« die Rede, die im Zustand unmündiger Kindheit verharrten und barbarischen Bräuchen frönten, die günstigstenfalls erzogen und kultiviert werden konnten, schlimmstenfalls aber einer Verbesserung nicht zugänglich waren und in ihrem eigenen Interesse, zur Vermeidung von Gewalt und Chaos, von den Europäern mit strenger Hand beherrscht werden mussten. Das forderte den kolonialen Zugriff geradezu heraus.

Kolonialagitation und Kolonialbewegung

Im Deutschland der 1870er Jahre fanden die neuen Ideen große Resonanz, weil hier Zukunftshoffnungen und Krisenängste besonders eng verbunden waren. Industrielle Modernisierung und nationalstaatliche Einigung hatten Erwartungen geweckt, die nicht erfüllt werden konnten. Der konjunkturelle Einbruch in der Gründerkrise von 1873, das Aufkommen der sozialistischen Bewegung, das schnelle Bevölkerungswachstum und die Amerikaauswanderung führten zu tiefer Verunsicherung. Koloniale und imperiale Phantasien, die eine Lösung der politischen, ökonomischen, demographischen und mentalen Probleme zugleich verhießen, stellten dabei nichts grundlegend Neues dar. Sie waren vielmehr Begleiterscheinung des Aufschwungs der deutschen Nationalbewegung im 19. Jahrhundert und schon in diesem Rahmen Ausdruck des Bemühens um Selbstbehauptung in der globalen Konkurrenz der Nationen. Schon vor 1871 fanden sie sich daher in zahlreichen politischen Entwürfen. Die Hoffnungen richteten sich einerseits auf die Auswanderung in Kolonien sowie auf Bodenschätze und Absatzmärkte. So setzte sich der Nationalökonom und Publizist Friedrich List Anfang der 1840er Jahre für eine Siedlungs- und Handelsexpansion ein. Andererseits ging es um die politische Stärkung der Nation durch imperiale Politik, Überseekolonien und eine deutsche Flotte. Dafür standen die Pläne der Nationalversammlung in der Revolution von 1848. Insofern waren die Ideen vorbereitet, an die man anknüpfte, als Ende der 1870er Jahre die Agitation für eine imperialistische Expansion des Deutschen Reichs einsetzte.

Die Wortführer der neuen kolonialen Agitation lassen sich kaum auf einen Nenner bringen, zu verschieden waren sie nach sozialer Herkunft, politischer Ausrichtung und persönlichem Profil. Adlige standen neben Bürgern, Missionare neben Abenteurern, erfolgreiche Geschäftsleute neben gescheiterten Akademikern, Beamte neben freiberuflich tätigen Schriftstellern. Das bildungsbürgerliche Element überwog freilich. Zu den Kolonialagitatoren zählten der ehemalige Missionar Friedrich Fabri, der von 1857 bis 1884 die Rheinische Mission in Barmen leitete und mit der Schrift *Bedarf Deutschland der Colonien?* von 1879 die Debatte wesentlich beeinflusste, der Jurist Wilhelm Hübbe-Schleiden, der eine wechselvolle Berufslaufbahn als Diplomat, Kaufmann in Westafrika und Anwalt hinter sich hatte, bevor er sich als freier Schriftsteller niederließ, der sächsische Rittergutsbesitzer und Afrikareisende Ernst von Weber, der Hamburger Kaufmann Adolph Woermann, dessen Firma seit 1849 eine Niederlassung in Westafrika unterhielt, der Berliner Kaufmann, Bankier und Industrielle Adolph von Hansemann, dessen Interessen sich auf die pazifische Inselwelt und später auf China erstreckten, sowie schließlich der promovierte Historiker Carl Peters, der nicht nur für die koloniale Expansion eintrat, sondern selbst nach Ostafrika reiste, um Territorien in Besitz zu nehmen.

Weniger heterogen als die Träger der Agitation waren die Argumente für einen Erwerb von Kolonien. Vier Aspekte standen im Mittelpunkt: Erstens ging es um Absatzmärkte, die den eigenen Handel beleben und die seit der Krise von 1873 stagnierende Nachfrage im Inland ausgleichen sollten. Zweitens galten die Kolonien als Auffangbecken für eine wachsende und zur Auswanderung drängende Bevölkerung. Hübbe-Schleiden berechnete 1881, dass sich von einem etwa gleichen Niveau der Bevölkerungszahlen in England und Deutschland um 1850 bei kontinuierlicher Fortentwicklung der aktuellen Tendenzen kolonialer Expansion und demographischen Wachstums im Jahr 1980 die englischstämmige Bevölkerung auf 927 Millionen belaufen würde, die deutschstämmige dagegen nur auf 146 Millionen; Deutschland drohe also hoffnungslos in Rückstand zu geraten. Durch die Gründung von Siedlungskolonien würde abfließendes Potential der Nation erhalten bleiben und nicht in einem fremden Bevölkerungsschmelztiegel verschwinden. Drittens unterstrichen Kolonialagitatoren die Auserwähltheit und Sendung der eigenen Nation. Das richtete sich einerseits gegen konkurrierende europäische Imperialismen, begründete andererseits eine »Cultur-Mission« (Fabri, 1879, S. 111) in Übersee. Viertens sahen Kolonialagitatoren in der Imperialpolitik die Möglichkeit, »Parteihader« im Inneren zu überwinden, die Arbeiter auf die nationale Aufgabe in Übersee zu verpflichten und den Nährboden der »socialdemokratischen Agitation« auszutrocknen (ebd., S. 88, 110), nicht zuletzt auch unruhige Arbeitermassen in deutsche Kolonien abzuleiten. Wo das ersehnte neue Deutschland liegen könne, blieb diffus. Vielen Autoren stand Latein- und besonders Südamerika vor Augen, Afrika spielte anfangs eine geringere Rolle. Ohnehin machte sich kein Autor konkrete Gedanken darüber, wie größere Menschenmassen zur Auswanderung in eigene Kolonien verpflichtet werden könnten.

Die Überlegungen basierten nicht auf exakten ökonomischen oder demographischen Berechnungen, sondern spiegelten wiederum sozialdarwinistische Sichtweisen vom Konkurrenzkampf der Nationen. Deutschland müsse sich beteiligen, wenn es den imperialen Vorläufern Großbritannien und Frankreich nicht im globalen Wettstreit unterliegen wolle. Dabei handelte es sich freilich um standardisierte, fast stereotype Argumente, die man in ähnlicher Form auch in britischer oder französischer Kolonialpropaganda lesen konnte. Sie spiegelten die Furcht vor dem Verlust nationaler Identität in einer als bedrohlich wahrgenommenen Globalisierung. Diese sollte in nationale Bahnen gelenkt und dadurch begrenzt werden, um der eigenen Nation in der entstehenden Weltgesellschaft Geltung zu bewahren und der Einebnung nationaler Eigenart durch die konsequente Verbreitung eigener Kultur und Werte entgegenzuarbeiten.

Seit den späten 1870er Jahren entstand eine Reihe von Vereinen, die sich dem kolonialen Gedanken widmeten. Dazu zählten der 1878 unter maßgeblicher Beteiligung von Nationalökonomen gegründete mittelständische und bildungsbürgerliche Centralverein für Handelsgeographie und Förderung deutscher Interessen sowie der ein Jahr später unter Mitwirkung Fabris zustande gekommene großbürgerliche Westdeutsche Verein für Kolonisation und Export. Am bedeutsamsten waren der Deutsche Kolonialverein von 1882 und die Gesellschaft für deutsche Kolonisation von 1884. Im Deutschen Kolonialverein, der in allgemeiner Form für die Idee von Kolonisation warb, fanden sich unter dem ersten Präsidenten Fürst Hermann zu Hohenlohe-Langenburg Vertreter der Eliten des Kaiserreichs zusammen: Schwerindustrielle, Bankiers, Großkaufleute, Reeder aus Hamburg und Bremen, Politiker und Nationalökonomen. Ende 1884 zählte der Verein 9000 Mitglieder, 1886 waren es 12400. Die Gesellschaft für deutsche Kolonisation wurde 1884 von einer jüngeren Generation kolonialer Enthusiasten um Carl Peters, den Juristen Carl Jühlke und Joachim Graf von Pfeil gegründet. Sie wurde von einer eher kleinbürgerlichen und mittelständischen Mitgliedschaft getragen und kam bis 1887 auf 4500 Mitglieder. Zu den Zielen der Gesellschaft zählten die Beschaffung von Kolonisationskapital, der Erwerb von Überseekolonien und die Lenkung der Auswanderung in diese Gebiete. Anders als der Kolonialverein bereitete die Gesellschaft konkrete Kolonisationsprojekte vor. 1887 schlossen sich die Gesellschaft für deutsche Kolonisation und der Deutsche Kolonialverein zur Deutschen Kolonialgesellschaft zusammen. Die neue Gesellschaft beanspruchte das Monopol auf die öffentliche Vertretung kolonialer Interessen und wuchs von anfangs 14483 Mitgliedern auf rund 43000 Mitglieder vor dem Ersten Weltkrieg an. Freilich setzte der Wachstumsschub erst in den späten 1890er Jahren ein. In der Frühzeit deutscher Kolonialpolitik um 1884 blieb die Resonanz begrenzt.

Die Kolonialfrage in Wirtschaft und Politik

Trotz des Engagements vieler deutscher Firmen im Kolonialverein war die Haltung der tatsächlich in Übersee tätigen Häuser keineswegs eindeutig. Anfangs sprach sich nur eine Minderheit für staatlichen Kolonialerwerb aus. Adolph von Hansemann plädierte als Chef der Berliner Diskonto-Gesellschaft im September 1880 für den Erwerb von Südsee-Territorien, namentlich Samoas und eines Teils von Neuguinea. Dadurch werde das Reich in die Lage versetzt, seinen Bedarf an Kolonialprodukten im eigenen Herrschaftsbereich zu decken und zugleich eine stärkere Position im Welthandel zu erlangen. Anderenfalls werde sich die englische Kolonialmacht die Gebiete einverleiben und deutsche Interessen verdrängen. Hansemann war am Neuguinea-Geschäft beteiligt, doch gaben wohl nicht wirtschaftliche Erwägungen den Ausschlag. Eine andere Position als Hansemann vertraten die zum Teil schon seit den 1830er Jahren in China tätigen deutschen Kaufleute. Nach der Öffnung der Küstenregionen in den Opiumkriegen (1840–1842, 1856–1860) und dem Vertrag von Tienjin zwischen Preußen und China aus dem Jahr 1861, der Angehörigen der deutschen Staaten freien Handelszugang gewährte, gründeten sie zahlreiche Niederlassungen in den Häfen, die sich europäische Staaten durch so genannte ungleiche Verträge als exterritoriales Gebiet gesichert hatten. An imperialistischer Rivalität konnten die Kaufleute, etwa die im britischen Hongkong ansässigen Firmen Siemssen (Hamburg) und Melchers (Bremen), nicht interessiert sein. So verweigerten sie der Anfang der 1870er Jahre in China errichteten Niederlassung der Deutschen Bank die Zusammenarbeit und blieben bei ihren britischen Partnern. Eine andere Konstellation zeigte sich an der westafrikanischen Küste. Hier suchten zahlreiche europäische Faktoreien den Zugang zum Handel mit dem Binnenland. Sie gerieten dabei auf der einen Seite miteinander in Konkurrenz und stießen auf der anderen Seite auf die Handelsdominanz einheimischer Bevölkerungsgruppen wie der Duala an der Kamerun-Küste. Deshalb suchten sich deutsche Firmen durch Verträge Land und Handelsrechte zu sichern. Unruhen und Machtkämpfe unter einheimischen Herrschern sowie die Furcht vor Annexionsinitiativen anderer europäischer Mächte, aber auch Landspekulationen ließen 1883 den Wunsch nach politischem und militärischem Schutz aufkommen. Die Vorstellungen, wie das konkret auszusehen habe, waren indes sehr unterschiedlich. Am weitesten ging die Hamburger Handelskammer, die unter dem Einfluss Woermanns die Errichtung von Flottenstation und Handelskolonie in Westafrika empfahl.

Gespalten und mehrheitlich skeptisch wie die wirtschaftlichen Interessen waren auch die politischen Kräfte im frühen Kaiserreich. Zwar schien mit dem Übergang zur Schutzzollpolitik seit 1878/79 das Ideal einer liberalen Handelsexpansion überholt; Sicherung und Abschottung von Märkten und Handelsprivilegien hatten nun Vorrang. Doch einen förmlichen Kolonialerwerb propagierte vor 1884 kaum eine Partei. Selbst bei Teilen der Nationalliberalen, die am frühesten und eindeutigsten eine aktive Kolonialpolitik befürworteten, gab es in den 1880er und 1890er Jahren noch freihändlerische Vorbehalte. Die konservativen Parteien, Deutsch-Konservative sowie Reichs- und Freikonservative Partei, waren skeptisch, die Erstere dachte als Vertretung der adlig-agrarischen Eliten namentlich des ostelbischen Preußen eher an eine kontinentale Ostexpansion, die Letztere unterstützte die Kolonialpolitik erst infolge des Bismarck'schen Engagements. Im Zentrum, der Partei des politischen Katholizismus, wurden sehr unterschiedliche Vorstellungen vertreten, im Verlauf der 1880er Jahre näherte sich die offizielle Parteilinie der Kolonialpolitik an. Demographische Argumente, das Bemühen, nationale Zuverlässigkeit zu beweisen, und missionarisch-zivilisatorische Ziele wirkten dabei zusammen. Am entschiedensten widersprachen in den 1880er Jahren die Linksliberalen einem Kolonialerwerb. Sie plädierten für Freihandel und Ausweitung der Wirtschaftsbeziehungen, aber gegen eine Subventionierung der Außenwirtschaft.

Lediglich Flotten- und Kohlestationen für die Handelsschiffe wollten sie zugestehen. Aktivismus im Stil von Carl Peters lehnten sie ab, allenfalls akzeptierten sie eine auf Rentabilität kalkulierende Kolonialpolitik nach britischem Vorbild. Noch nicht eindeutig war schließlich die Position der Sozialdemokraten. So gab es hier einerseits schon vor 1884 Stimmen, die sich von Kolonien einen Aufschwung der Wirtschaft und damit Vorteile für die Arbeiterschaft versprachen. Andererseits kritisierte der Parteitheoretiker Karl Kautsky aus wirtschaftlichen, politischen und moralischen Gründen den Erwerb von Handelskolonien; er dachte auch schon an den Schutz der überseeischen Bevölkerung und fürchtete negative Rückwirkungen kolonialer Herrenmentalität auf die deutsche Gesellschaft. Siedlungskolonien beurteilte Kautsky positiver, vor allem im Blick auf eine freiheitliche und demokratische Entwicklung wie in den USA. Andere Sozialdemokraten äußerten sich dazu kritischer. Zur vorübergehenden Kolonialeuphorie blieb die Sozialdemokratie daher auf Distanz.

In der Summe drängten weder Wirtschaft noch Parteien das Deutsche Reich in eine Kolonialpolitik hinein. Auch der Reichskanzler Bismarck äußerte sich wiederholt skeptisch. Das Deutsche Reich sei als Nationalstaat noch nicht gefestigt und militärisch, finanziell und politisch nicht in der Lage, Herrschaftsgebiete in Übersee zu sichern. Umso überraschender erscheint die Entscheidung von 1884, Territorien in Übersee unter deutschen Schutz zu stellen und damit de facto den Weg zu einer deutschen Kolonialpolitik zu öffnen. Vielfältige Erklärungen sind dafür angeboten worden. Bismarcks Verhalten wurde als Reaktion auf gesellschaftliche Bestrebungen wie als gerissene Manipulation der öffentlichen Meinung zu innenpolitischen Zwecken interpretiert, als Antwort auf wirtschaftliche Krisenerscheinungen und Suche nach Absatzmärkten sowie als sozialimperialistische Abwehrstrategie im Sinne Fabris (Wehler, 1984), als vorbeugende Maßregel, die einen Konflikt mit Großbritannien provozieren und dadurch eine probritische Politik des deutschen Thronfolgers und Schwiegersohns der britischen Königin Victoria, des späteren Kaisers Friedrich III., blockieren sollte (Riehl, 1993), oder als Annäherung an Frankreich, das von revisionistischen Zielen an seiner Ostgrenze abgelenkt und dem Kompensation in Übersee angeboten werden sollte. Dies alles mag in Bismarcks Erwägungen hineingespielt haben, es stellte aber nicht die primäre Zielsetzung dar.

Tatsächlich war die Linie der Bismarck'schen Überseepolitik schon seit längerem vorgezeichnet. Bismarck lehnte formelle Kolonialherrschaft als zu kosten- und krisenträchtig ab, förderte aber wirtschaftliche Expansion und Handelsstützpunkte, wenn es nötig erschien, um deutsches Engagement gegen Konkurrenz zu sichern, vorausgesetzt, dies kollidierte nicht mit anderen außenpolitischen Zielsetzungen und war innenpolitisch durchsetzbar. Indiz dafür ist neben der Errichtung von Flotten- und Kohlestationen, einigen Handelsverträgen und militärischen Interventionen im Pazifik in den 1870er Jahren die so genannte Samoa-Vorlage von 1880. Sie sah vor, das Hamburger Handelshaus Godeffroy, das auf den Pazifikinseln engagiert war und Plantagen betrieb, dort aber in Schwierigkeiten geraten war, aus Reichsmitteln zu unterstützen. Die Vorlage scheiterte im Reichstag, nur Teile der Konservativen und der Nationalliberalen stimmten zu. Das erklärt Bismarcks Zurückhaltung in den folgenden Jahren. Deshalb kündigte er das Engagement des Reichs am 26. Juni 1884 im Reichstag keineswegs in einer effektvollen großen Rede an, wie es in der Logik einer sozialimperialistischen Kalkulation gelegen hätte, sondern eher en passant, fast versteckt zwischen anderen Angelegenheiten. Auch propagierte er keine koloniale Kehrtwende, sondern versicherte, dass sich an der Ausrichtung seiner Politik nichts ändern werde. Man müsse aber den in Übersee aktiven Unternehmen eine gewisse Unterstützung und ihren

Vertretern den Schutz des Reichs gewähren. Im Übrigen wolle man Konflikte mit anderen Kolonialmächten, namentlich Großbritannien, vermeiden. Auch wolle man keineswegs Beamte nach Übersee schicken, sondern die Verwaltung den Handelsgesellschaften überlassen. Nur ein Konsul oder Resident sollte das Reich am Ort vertreten (*Stenographische Berichte über die Verhandlungen des Reichstages*, 1884, Bd. 2, S. 1061 f.).

Die Grundsätze der deutschen Überseepolitik blieben somit konstant und änderten sich bis zu Bismarcks Ausscheiden aus dem Reichskanzleramt 1890 nicht mehr. Andere außen- und innenpolitische Überlegungen traten 1884 hinzu, die Kolonialpolitik wurde auf ihre instrumentellen Vorteile hin ausgelotet. Auf der in Berlin im November 1884 gemeinsam mit Frankreich einberufenen Afrika-Konferenz präsentierte sich Bismarck als Vermittler zwischen den kolonialen Interessen. In der Schlussakte vom 26. Februar 1885 wurden Regeln des europäischen Engagements in Westafrika und Sicherungen der Handelsfreiheit fixiert. Zuvor schon hatte das Reich damit begonnen, die von Handelsgesellschaften in Besitz genommenen Überseestützpunkte unter deutschen Schutz zu stellen. Den Anfang machten am 24. April 1884 Territorien in Südwestafrika. Es folgte im Juli 1884 die Schutzerklärung über Gebiete in Togo und am Kamerun-Fluss durch den deutschen Generalkonsul in Tunis, den Afrikaforscher und Arzt Gustav Nachtigal. Am 27. Februar 1885 erhielt die Gesellschaft für deutsche Kolonisation förmlichen Reichsschutz für das von ihr in Besitz genommene Gebiet in Ostafrika. Und am 17. Mai 1885 schließlich stellte der Kaiser die Pazifik-Territorien der kurz zuvor gebildeten Neuguinea-Kompanie unter den Schutz des Reichs. Von Bismarck bewusst nur als »Schutzgebiete«, nicht als Kolonien bezeichnet, verloren die neuen Territorien nach einer kurzen Euphorie 1884/85, die aber eher Folge als Motiv kolonialer Expansion war, schnell wieder an öffentlicher Aufmerksamkeit.

2
Expansion

Inbesitznahme

Die Schutzbriefe von 1884/85 räumten den Kolonialgesellschaften weitgehende Autonomie und Souveränitätsrechte ein. Sie bestätigten die Erwerbsverträge, welche die Gesellschaften oder ihre Vertreter mit einheimischen Autoritäten abgeschlossen hatten, und übertrugen den Gesellschaften die Hoheitsrechte. Das umfasste exekutive, legislative und judikative Befugnisse in unterschiedlichem Ausmaß. Zwar reservierte sich das Reich die Oberhoheit und das Recht zu Eingriffen, doch waren weder die Voraussetzungen dafür geklärt noch die Bedingungen der Ausübung von Hoheitsrechten durch die Gesellschaften näher umrissen. Auch war nicht bestimmt, welches Recht der Gerichtsbarkeit zugrunde liegen sollte. Ebenso wenig waren Grundsätze und Normen der Verwaltungstätigkeit fixiert. Schließlich erhielten die Kolonialgesellschaften freie Hand zum Erwerb weiteren Territoriums, entweder durch Annexion so genannten herrenlosen Gebiets oder durch Verträge mit heimischen Autoritäten.

Die Schutzbriefe reduzierten das Engagement des Reichs auf das unbedingt Notwendige und schienen insofern fiskalisch sinnvoll. Doch waren sie politisch wenig klug. Sie überließen die Verantwortung einer Gruppe von Personen, die man nur unzureichend beeinflussen oder kontrollieren konnte. Die Folgen für das Reich waren – wie schon Zeitgenossen warnten – unkalkulierbar. Die Konquistadoren verhielten sich trotz aller nationalen Rhetorik keineswegs loyal gegenüber der deutschen Politik, sie waren keine selbstlosen Sachwalter nationaler Interessen. Vielmehr ging es um persönlichen Ruhm oder schnelle Gewinne. An der systematischen Erschließung von Absatzmärkten für die deutsche Wirtschaft oder gar an der Anlegung von Siedlungskolonien waren die Gesellschaften nicht interessiert. Erst im Nachhinein, in Reisebeschreibungen, Erinnerungsbüchern und Biographien, wurde die Vorgehensweise der Pioniere als höchst effizient und ertragreich dargestellt. Die Kolonialbewegung trug dadurch die Gründungsmythen der deutschen Kolonialgeschichte über Generationen weiter.

Das zeigt sich eindringlich an den Verträgen, die deutsche Kaufleute und Überseereisende mit heimischen Herrschern abschlossen. Sie gelten als Musterbeispiele eines rücksichtslosen, menschenverachtenden Vordringens. Dadurch werden freilich die afrikanischen und pazifischen Vertragspartner vorschnell zu passiven, hilflosen Opfern der Deutschen stilisiert und die Mythen fortgeschrieben, welche die deutschen Pioniere zu stiften versuchten. Zwei Arten von Verträgen sind zu unterscheiden: Zum einen wurden Verträge über den Kauf von Land geschlossen. Erwerber waren die Vertreter deutscher Firmen, der Kaufvertrag umfasste die Hoheit über das Gebiet und alle Nutzungsrechte. Zum anderen handelte es sich um Schutzverträge, die Vertreter des Deutschen Reichs mit heimischen Herrschern schlossen. Diese Verträge sahen jeweils vor, dass der Herrscher für sich und seine Rechtsnachfolger sein Land unter die Schutzherrschaft des Reichs stellte und fortan keine Verträge mit anderen Nationen ohne Zustimmung des deutschen Kaisers abschloss. Durch den Vertrag wurden die Herrschaftsrechte des jeweiligen Fürsten anerkannt, freilich nicht präzise fixiert. Die genauen Folgen, die sich daraus für die inneren Verhältnisse der Schutzgebiete ergaben, waren unklar.

Die Vorgehensweise war problematisch. Denn immerhin schloss man Verträge mit Personen, die man völkerrechtlich als Vertragspartner eigentlich nicht akzeptierte. Ein Vertrag implizierte jedoch die Völkerrechtsfähigkeit des Gegenübers. Also musste man entweder von der Fiktion einer Okkupation völkerrechtlich herrenlosen Landes ausgehen, dann aber hätte es keiner Verträge bedurft. Oder man musste qua Vertrag die Souveränität des Gegenübers anerkennen. Diesem Dilemma meinten Rechtswissenschaftler ausweichen zu können, indem sie die Verträge mit den jeweiligen »Häuptlingen« oder »Königen« als »Unterwerfungsverträge« interpretierten. Nur Sansibar (»Vertrag über die Abtretung des Küstenstreifens«, 1890) machte demnach eine Ausnahme, weil das Sultanat deutschen Juristen als »ein in die völkerrechtliche Gemeinschaft aufgenommenes Staatswesen« galt (Stengel, 1901, S. 20). England und Frankreich hatten es schon 1862 anerkannt und seine Unabhängigkeit garantiert. Das Reich entsandte später Gerhard Rohlfs als Generalkonsul und erkannte den Sultan damit ebenfalls völkerrechtlich an. Bei den Schutz- und Kaufverträgen handelte es sich dagegen um extrem ungleiche Verträge: Die Deutschen demonstrierten mit Soldaten oder Kanonenbooten ihre Stärke und ließen dem Gegenüber wenig Entscheidungsfreiheit. Die Schutzverträge offerierten dem heimischen Herrscher gegen die Abtretung der Hoheit lediglich einen nicht näher definierten Schutz. Die Kaufverträge übertrugen große Gebiete gegen aus westlicher Sicht wertlose Waren auf einen neuen Eigentümer. Freilich ist das Bild, das die Nachwelt von den Vertragsschließungen erhalten hat, wesentlich durch die Berichte der deutschen Beteiligten geprägt. Die überseeischen Herrscher erscheinen darin als unfähige und unwillige Vertragspartner. Eduard Woermann monierte anlässlich eines Kameruner Abtretungsvertrags, »der berühmte König Bell« könne »sich nicht einmal zu einer Unterschrift bequemen, ohne seine Großen zu befragen«, die »mächtigen Untertanen« hätten anders als die durchaus willigen Duala-Herrscher einen Vertragsabschluss zu verhindern versucht (Jacob, 1938, S. 75 f.). Allenthalben wurde die Umständlichkeit afrikanischer Verhandlungen, das tagelange Palaver, beklagt. Peters schilderte in seinen Erinnerungen, wie er beim Vordringen in Ostafrika durch Alkohol, taktische Kniffe und kleine Machtdemonstrationen seine Verhandlungspartner gefügig gemacht und Verträge zur Unterschriftsreife gebracht habe. Nach Vertragsschluss folgten Flaggenhissung, Verlesen des Vertrags in deutscher Sprache, Rede, Hoch auf den Kaiser und schließlich »drei Salven«; diese »demonstrierten den Schwarzen ad oculos, was sie im Fall einer Kontraktbrüchigkeit zu erwarten hätten. Man wird sich nicht leicht vorstellen, welchen Eindruck der ganze Vorgang auf die Neger zu machen pflegte« (Peters, 1943, Bd. 1, S. 302 f.).

Derartige Berichte zielten auf das deutsche Publikum. Sie sollten Unerschrockenheit und Geschick der Kolonialpioniere unter Beweis stellen und den Nachruhm der Heroen vorbereiten. Die Verhandlungsführung ihrer Gegenüber konnten oder wollten die Deutschen nicht verstehen. Denn die Palavertaktik deutete weniger auf die Schwäche einzelner Führer hin, sie machte vielmehr deutlich, dass die afrikanischen Gesellschaften Kontrollen und Gegengewichte gegen die Monopolisierung von Macht kannten. Dem Vertragsschluss ging hier ein interner Aushandlungsprozess voran. Er stärkte auch den afrikanischen Vertragspartner, der jetzt als Autorität im Inneren anerkannt war und von den Deutschen gestützt werden musste, wollten diese die Legitimität des Vertrags behaupten. Ohne es sich bewusst zu sein, wirkten die Deutschen also an innerafrikanischen Auseinandersetzungen um Macht und Einfluss mit und dienten zugleich den Interessen afrikanischer Autoritäten. Sie schlossen Verträge mit Personen, die dazu bisher qua politischer Ordnung und Bodenordnung nicht legitimiert waren – es gab in Afrika weder eine Vorstellung von Souveränität, die deutschen Begriffen entsprochen hätte, noch ein veräußerbares Bodeneigentum im römisch-rechtlichen Sinn. Die rechtliche Kraft der Schutz-

und Veräußerungsverträge war insofern aus afrikanischer Sicht äußerst zweifelhaft, es ging eher um symbolische Akte, die aber höchst reale Wirkung entfalteten. Letztlich gilt das für beide Seiten, beide glaubten, den jeweiligen Vertragspartner überlistet zu haben. Mit den Verträgen war daher das weitere Schicksal der Schutzgebiete noch keineswegs ausgemacht.

Das Scheitern der Kolonialgesellschaften

Ungeachtet der beeindruckenden Zahl an Territorialverträgen waren die frühen Kolonialaktivisten weder sonderlich erfolgreich noch kompetent. Ihr Scheitern provozierte das Engagement des Reichs, das seit Ende der 1890er Jahre in eine Übernahme der Schutzgebiete in deutsche Verwaltung und den Ausbau formeller Kolonialherrschaft mündete. In Südwestafrika erwarb der Bremer Tabakkaufmann Adolf Lüderitz in den Jahren 1882 bis 1884 eine Reihe von weit verstreuten Gebieten durch Verträge mit heimischen Herrschern. Dabei übernahm er sich, er musste das Territorium der Deutschen Kolonialgesellschaft für Südwestafrika überlassen, die freilich weder in der Lage noch willens war, eine effektive Verwaltung aufzubauen. 1885 wurde deshalb als Reichskommissar Heinrich Göring nach Südwestafrika entsandt, der mit lediglich zwei weiteren Beamten das Gesellschaftsterritorium zu kontrollieren versuchte. Als 1888 Unruhen unter den Herero ausbrachen, floh er ins britische Walvisbay. Berlin entsandte daraufhin knapp zwei Dutzend Soldaten, um Görings Autorität und das Prestige des Reichs wiederherzustellen. Das war der Anfang formeller Kolonialherrschaft. Auch in Kamerun, wo die Firma von Adolph Woermann um Reichsschutz gebeten hatte, und in Togo, wo einzelne Kaufleute gleichermaßen bereits Erwerbsverträge über

Land abgeschlossen hatten, dachten die deutschen Handelshäuser nicht daran, sich selbst in der Verwaltung zu engagieren. Obwohl der Reichskommissar Nachtigal bloß deutschen Schutz erklären sollte, zwangen die verworrenen Verhältnisse und die fortwährenden Grenz- und Territorialkonflikte mit Großbritannien seit der zweiten Hälfte der 1880er Jahre dazu, eine formelle Herrschaft zu errichten. In Neuguinea hatte Hansemann den Erwerb von Territorium vorbereitet, im Mai 1885 entstand aus dem zuvor von Hansemann gebildeten Neuguinea-Konsortium die Neuguinea-Kompanie, welche die Hoheitsrechte für einen Teil Neuguineas, den Bismarck-Archipel und die 1886 übernommenen Salomon-Inseln übernahm. Örtlich tätige deutsche Firmen wurden zum Anschluss quasi gezwungen. Die Kompanie verfolgte freilich ebenfalls nur begrenzte Interessen und dachte nicht an einen Ausbau des Schutzgebiets. Administrativ und wirtschaftlich überfordert, überließ sie Stück für Stück dem Reich die Verwaltung. In den Jahren 1889 bis 1892 und endgültig seit 1898/99 verzichtete sie auf ihre Hoheitsrechte.

Besonders der Fall Ostafrika legte die Schwächen und inneren Widersprüche des Konzepts einer Kompanie-Verwaltung offen. Im Auftrag der Gesellschaft für deutsche Kolonisation gründeten fünf Personen, darunter Carl Peters und sein Expeditionsbegleiter Carl Jühlke, am 2. April 1885 die Deutsch-Ostafrikanische Gesellschaft (DOAG), die das ostafrikanische Territorium übernehmen sollte. Die Finanzierung sollte über Anteilscheine erfolgen. Gut 65 000 Mark kamen zusammen. Um die Kolonisation in Deutschland populär zu machen, bemühte man sich um die Ausgabe kleiner Werte und eine breite Streuung, anders als im Fall der Neuguinea-Kompanie, deren Aktien im Besitz weniger Finanziers, an erster Stelle Hansemann, waren. Die fünf DOAG-Gründer übten die in Afrika erworbenen Rechte selbstherrlich aus. Das änderte sich, als größere Finanzgeber wie der Elberfelder Bankier

Karl von der Heydt nachrückten. Dieser blieb aber einer der wenigen Bankiers, die sich in den Kolonien engagierten, und bei ihm standen eher politische als finanzielle Erwartungen im Mittelpunkt; wie Peters und Friedrich Fabri zählte er 1891/93 zu den Gründern des radikalnationalistischen Alldeutschen Verbandes. Die neuen Finanzgeber der DOAG strebten Kontrolle und Mitwirkung bei der Verwendung des Kapitals an und setzten sich 1887 durch, als die DOAG unter Peters' ebenso eigenmächtiger wie inkompetenter Leitung immer mehr in die Krise steuerte. Von der Heydt löste schließlich die kleinen Anteilschein-Inhaber aus und trieb die Konzentration des DOAG-Kapitals voran.

Gemäß ihren politischen Ambitionen versuchte die DOAG eine Art von Staatlichkeit aufzubauen. So drückte sie ihre Hoheitsrechte durch eine eigene Symbolik aus. Dazu gehörte eine Flagge, die an die Kreuzzüge und den Deutschen Orden erinnerte (schwarzes Kreuz auf weißem Grund, in der Gösch ein fünfsterniges Kreuz des Südens auf rotem Grund), ein Wappen (Löwe vor Palme) und Währungsmünzen (Rupien). Die Rechtsprechung über die Deutschen am Ort behielt sich der Kaiser vor. Zudem übernahm die Reichsregierung die völkerrechtliche Vertretung. Die deutschen Juristen waren allerdings unsicher über die staats- und völkerrechtliche Qualität der Gesellschaftsgebiete. Umstritten blieb, ob man sie als Protektorate, sekundäre Staaten oder Provinzen des Reichs verstehen sollte. Unsicher war auch die Reichsregierung, wie sie sich gegenüber der DOAG verhalten solle; in der Praxis sah sie sich zur Unterstützung beispielsweise gegenüber dem Sultan von Sansibar gezwungen, der den ostafrikanischen Küstenstreifen beherrschte.

Der Schutzvertrag mit der DOAG schloss das Recht zur Okkupation herrenlosen Landes ein, ferner Rechte auf die Gewinnung von Mineralien und Vorrechte beim Eisenbahnbau. Auf dieser Basis organisierte die DOAG von

1884 bis 1886 17 Expeditionen ins Landesinnere, um ihr Territorium zu erweitern und neue Stationen anzulegen. Die insgesamt 15 Stationen, von denen vier primär militärisch-administrativen Zwecken, elf landwirtschaftlichen Aufgaben dienen sollten, waren indes planlos ausgesucht. Peters förderte nicht Sammelprodukte wie Elfenbein und Kautschuk, die über Handelsstationen hätten exportiert werden können und umgehend Ertrag abgeworfen hätten. Vielmehr engagierte er sich für landwirtschaftliche Projekte. Er setzte einerseits auf ein dichtes Netz kleiner Versuchsstationen, andererseits auf Plantagen, auf denen tropische Früchte im großen Maßstab angebaut wurden. 1887 galt Tabak als aussichtsreich, dann wurden auch Produkte wie Baumwolle, Kaffee, Tee und Vanille angebaut, schließlich sogar europäische Gemüse. Das war aufwendig und bedurfte einer längeren Anlaufphase. Außerdem erforderte es Fachpersonal und Lohnarbeiter. Doch das Personal der Stationen war landwirtschaftlich nicht vorgebildet, und es gelang auch nicht, genug heimische Kräfte einzuarbeiten. Manche Station war offenbar zeitweise gar nicht besetzt. Jedenfalls waren die Stationen nicht rentabel. Bis Mai 1887 hatten die Erwerbungen der DOAG nur Kosten verursacht, Einnahmen konnten noch nicht verzeichnet werden. Die Administration unter Peters endete 1887 im Fiasko, unter dem Einfluss von der Heydts wurde die Tätigkeit der DOAG reduziert. Der 1888 als Nachfolger von Peters eingesetzte Generalbevollmächtigte Ernst Vohsen konzentrierte die Arbeit auf die Küstenregion und die dortigen Zollstationen. Einige landwirtschaftliche Stationen wurden aufgegeben, nur mehr zwei Großplantagen sollten unterstützt werden. Im Übrigen sollte anstelle der Landwirtschaft der Handel im Mittelpunkt stehen und durch an die Zollstationen angebundene Handelsfaktoreien gefördert werden.

Auch dies scheiterte. Als sich die DOAG in einem Vertrag mit dem Sultan von Sansibar Zollrechte, Verwaltung und Gerichtsbarkeit in der Küstenregion abtreten ließ, kam es im September 1888 zum so genannten Araber-Aufstand. Die heimischen Zwischenhändler fühlten sich durch den DOAG-Handel verdrängt. Der Aufstand brachte das Kompanie-System endgültig zum Einsturz. Der DOAG war es bis dahin nicht gelungen, eine geordnete Verwaltung oder auch nur eine Polizei aufzubauen. Im Notfall mietete man einheimische Bewaffnete, so genannte Askaris, von indischen oder arabischen Händlern der Küste und sicherte damit bedrohte Stationen. Im Übrigen musste jeder Stationschef dafür sorgen, sich beispielsweise durch Freundschaftsverträge mit den umliegenden Autoritäten gut zu stellen. Unter diesen Bedingungen stand man den Unruhen von 1888 hilflos gegenüber. Das Personal der DOAG floh aus den bedrohten Stationen. Am 30. Januar 1889 setzte die Reichsregierung im Reichstag das »Gesetz zur Bekämpfung des Sklavenhandels und zum Schutz deutscher Interessen« durch. Das Schlagwort vom Kampf gegen Sklavenjagd und -handel legitimierte fortan das kostenträchtige und in der deutschen Öffentlichkeit wenig populäre militärische Eingreifen des Reichs. Das Reich entsandte den erfahrenen Afrikareisenden und Offizier Hermann Wissmann als Reichskommissar nach Ostafrika. Er erhielt die Befugnis zur Kontrolle der DOAG, bis hin zur Entlassung von Gesellschaftsangestellten. Im Mai 1889 wurde das Kriegsrecht über die aufständischen Gebiete verhängt, die DOAG verlor dadurch de facto ihre Hoheitsrechte. Mit angeworbenen Askaris bekämpfte Wissmann die Widerstände schnell. Im Dezember 1889 wurde ein Führer der Aufständischen, Abuschiri (auch: Buschiri) bin Salim al-Harthi, gefangen genommen und hingerichtet. Am Ende diente das alles aber weder der Bekämpfung des Sklavenhandels, wie propagandistisch verkündet, noch der Wiederherstellung der Arbeitsfähigkeit der DOAG, wie anfangs intendiert. Wissmann baute vielmehr seine Askari-Truppe zur kaiserlichen

Kolonialarmee auf und übernahm die Verwaltung. Am 1. Januar 1891 gingen die Hoheitsrechte förmlich auf das Reich über. Aus Sicht linksliberaler Parlamentarier in Berlin bestätigte sich damit die Kritik an der DOAG und an der deutschen Intervention. Nur war die Konsequenz nicht eine größere Zurückhaltung des Reichs, sondern die immer festere und nun unwiderrufliche Einbindung in die überseeischen Angelegenheiten. Die verworrenen Verhältnisse in den Schutzgebieten, Konflikte mit den Vertretern anderer Imperialmächte am Ort, Unwilligkeit oder Scheitern der Kaufleute sowie Widerstände der einheimischen Bevölkerung machten den Ausbau der Kolonialherrschaft am Ende unausweichlich.

Fortführung und Abschluss der Expansion

In den frühen 1890er Jahren begann sich in Deutschland das Interesse an überseeischen Fragen wieder zu regen. Dabei ging es nicht primär um neuen Kolonialerwerb, sondern um »Weltpolitik« im Allgemeinen. Die Argumente, die das imperiale Engagement begründen sollten, knüpften an die Kolonialagitation der frühen 1880er Jahre an, doch verschoben sich die Gewichte. Immer bedeutsamer wurden das Prestige der Nation und die Selbstbehauptung in der Konkurrenz der europäischen Mächte. Angesichts einer zunehmenden globalen Verflechtung der europäischen Volkswirtschaften schien die aus der Rückschau defensiv anmutende Außenpolitik Bismarcks nicht mehr ausreichend. Der Topos vom Nachzügler, der bislang zu kurz gekommen sei und jetzt den ihm zustehenden Anteil verlange, durchzog die Debatte. Nicht nur radikale Alldeutsche, sondern auch nationalliberale Politiker forderten ein engagierteres Auftreten des Reichs, und nicht nur Bildungsbürger wie Max Weber in seiner Freiburger Antrittsvorlesung von 1895, sondern auch Bankiers und Schwerindustrielle warben jetzt für eine imperialistische Politik. Bernhard von Bülow, zunächst Staatssekretär des Auswärtigen, seit 1900 Reichskanzler, brachte die Ansprüche auf den Begriff, wenn er für das Reich einen »Platz an der Sonne« verlangte. Das neue Engagement war aber wenig zielgerichtet. Es führte zu Flottenpropaganda und Wettrüsten und drückte sich auch im demonstrativen, aber bloß verbalen Eingreifen in den südafrikanischen Konflikt zwischen Großbritannien und den Buren aus. Der junge Kaiser Wilhelm II. stützte die Buren 1896 mit der Aufsehen erregenden so genannten Krüger-Depesche an den Präsidenten von Transvaal, in der er die deutsche Bereitschaft zu militärischem Beistand andeutete. Das imperialistische Engagement betraf ebenso die Expansion im angeschlagenen Osmanischen Reich durch den Bau der Bagdad-Bahn, der erhebliche deutsche Kapitalmittel aufsog, aber aufgrund britischen und französischen Widerstands ins Stocken geriet. Es umfasste darüber hinaus eine Politik der symbolischen und rhetorischen Drohungen in den Marokko-Krisen von 1905 und 1911. Es schloss auch neues Engagement in China und im Pazifik ein und führte zu Erörterungen über die Erweiterung des afrikanischen Kolonialbesitzes.

Den Zugang nach China hatten sich die europäischen Mächte über Vertragshäfen gesichert. Das Deutsche Reich war indessen nicht beteiligt. Seit Ende der 1880er Jahre drängten Banken und Schwerindustrie auf eine Intensivierung des deutschen Engagements; die von der Reichsregierung geförderte Gründung der Deutsch-Asiatischen Bank im Jahr 1889 war eine erste Konsequenz. Dahinter stand die Furcht, in der Konkurrenz um Markt- und Machtvorteile in China den Anschluss zu verpassen. Zumindest eine Kohle- und Flottenstation schien aus strategischen, politischen und kommerziellen Gründen nützlich. Die Ermordung zweier deutscher Missionare in der Shantung-Region bot 1897 den Anlass, die Bucht von Kiautschou mitsamt dem Hafen Tsingtau in Besitz zu nehmen. Der Kaiser telegraphierte am 7. November 1897 an den Chef des Ostasiatischen Kreuzergeschwaders, Admiral Otto von Diedrichs: »Gehen Sie augenblicklich mit ganzem Geschwader [nach] Jiaozhou, besetzen Sie geeignete Punkte und Ortschaften daselbst und erzwingen Sie von dort aus in Ihnen geeignet scheinender Weise vollkommene Sühne. Größte Energie geboten. Zielpunkt Ihrer Fahrt geheimhalten« (Leutner, 1997, S. 119). Am 6. März 1898 wurde eine Zone im Umkreis von 50 Kilometern um Kiautschou für 99 Jahre vom Chinesischen Reich gepachtet; dabei sicherte sich Deutschland Bergbaurechte und das Recht zur Anlegung einer Eisenbahn in Shantung. Anders als afrikanische oder pazifische Territorien galt Kiautschou sogar den deutschen Linksliberalen als sinnvolle Erwerbung. Allerdings zog die neue Kolonie das Reich immer tiefer in die chinesischen Angelegenheiten hinein. Als sich 1899 die Bewegung der »Boxer« gegen die kulturelle Überfremdung durch Europäer und namentlich Missionen erhob und schließlich auch die in sich zerstrittene chinesische Regierung den Aufstand unterstützte, beteiligte sich das Deutsche Reich an einer internationalen Interventionsmacht, die China auf demütigende Art zur Unterwerfung zwang. In der so genannten Hunnenrede, die Wilhelm II. am 27. Juli 1900 in Bremerhaven an das nach China ausrückende Expeditionskorps richtete, machte der Kaiser erneut seine Vorstellung über die deutsche Rolle in der Welt deutlich: »Pardon wird nicht gegeben; Gefangene nicht gemacht. Wer Euch in die Hände fällt, sei in Eurer Hand. Wie vor tausend Jahren die Hunnen unter ihrem König Etzel sich einen Namen gemacht, der sie noch jetzt in der Überlieferung gewaltig erscheinen läßt, so möge der Name Deutschland in China in einer solchen Weise bekannt werden, daß niemals wieder ein Chinese es wagt, etwa einen Deutschen auch nur scheel anzusehen« (ebd., S. 501).

Die Probleme in der Südsee beschäftigten die deutsche Politik bis ans Ende des Jahrhunderts. Neben dem langsamen Niedergang der Neuguinea-Kompanie, der das Reich schrittweise in die Verantwortung zog, waren es Handelsinteressen deutscher Firmen auf den Karolinen-Inseln, die politische Reaktionen herausforderten. Bismarck zeigte sich nicht abgeneigt, deutsche Ansprüche zu demonstrieren, doch wollte er keine kriegerische Auseinandersetzung mit dem gleichfalls interessierten Spanien riskieren. Ein Schiedsspruch des Papstes führte 1885 zur vorläufigen Beilegung des Konflikts: Spanien behielt die Souveränität über die Inseln, das Deutsche Reich sicherte sich das Recht auf eine Kohlenstation und unbeschränkte Handelsfreiheit. Mit der Niederlage im Krieg gegen die USA 1898 verlor Spanien seine Kolonien. Die Karolinen-, Palau- und Marianen-Inseln verkaufte es durch Vertrag vom 30. Juni 1899 an das Reich. Der Erwerb der Inseln stieß in Deutschland keineswegs auf ungeteilten Beifall, Bülow musste sich im Reichstag rechtfertigen. Aus linksliberaler Sicht waren die Südsee-Erwerbungen zu teuer und nicht rentabel. Kollisionen europäischer Kolonialmächte ergaben sich auch auf Samoa; in diesem Fall waren neben Deutschland Großbritannien und die USA beteiligt. Machtkämpfe innerhalb der heimischen Eliten veranlassten die Imperialmächte zum Eingreifen, auf der Samoa-Konferenz in Berlin beschlossen sie im Juni 1889 die Errichtung einer gemeinsamen Oberhoheit. Das führte nicht zu Stabilität, und 1899 folgte unter territorialer Abfindung Großbritanniens die Teilung Samoas zwischen den USA und dem Deutschen Reich, am 1. März 1900 wurde in Apia auf Samoa die deutsche Flagge gehisst.

Die Aufteilung Afrikas unter die europäischen Mächte war in den 1880er Jahren weitgehend abgeschlossen, aber große Gebiete waren de facto noch nicht in Besitz genommen worden. Auch die Debatte um eine Ausweitung oder Arrondierung deutschen Kolonialbesitzes ging weiter. Dahinter stand nicht zuletzt der Traum von einem deutschen Indien. Zum einen ging es um die Verbindung der afrikanischen Kolonien im Rahmen eines deutschen Mittelafrika, zum anderen um den Einfluss in Marokko. Beide Ziele konnten kollidieren. In Marokko versprachen sich vor allem schwerindustrielle Interessen den Zugriff auf Bodenschätze, zudem galt Marokko dem Alldeutschen Verband, in dem sich Völkisch-Nationale und Vertreter der alten Kolonialbewegung versammelten, als prestigeträchtiges imperiales Ziel. Zugleich forderten die Alldeutschen eine aktive Mittelafrikapolitik. Seit den 1890er Jahren wurden Ansprüche auf Kolonialterritorium des belgischen Königs (das Kongo-Gebiet) und des praktisch bankrotten Portugal (Teile Angolas und Moçambiques) geäußert; das schlug sich 1898 und 1913 in zwei Abkommen mit Großbritannien nieder. Großes Engagement in dieser Frage zeigte das Reich aber letztlich nicht. Politisch war das Projekt allzu konfliktträchtig, es konnte allenfalls als Instrument der Außenpolitik genutzt werden. Ökonomisch schien es ebenfalls wenig rational. In der Regierungspolitik stand es hinter den chinesischen Ambitionen weit zurück. Nur anlässlich der Beilegung der zweiten Marokko-Krise 1911 kam der Mittelafrika-Plan einen kleinen Schritt voran, als Deutschland im Zuge des Verzichts in Nordafrika einen an Kamerun angrenzenden, nicht ganz unbeträchtlichen Teil des französischen Kongo übernahm. Doch der Erwerb war umstritten, und eine wirtschaftliche Erschließung des neuen Gebiets wurde kaum ernsthaft geprüft.

Am Ende hatte das Deutsche Reich ein koloniales Imperium aufgebaut, das nach der Bevölkerungszahl im westeuropäischen Vergleich hinter Großbritannien, Frankreich und den Niederlanden an vierter Stelle stand. Dazu zählten am Vorabend des Ersten Weltkriegs Deutsch-Ostafrika (7,75 Millionen Einwohner), Kamerun (3,85 Millionen), Togo (rund 1 Million), Deutsch-Südwestafrika (weit divergierende Angaben, etwa 200 000), das melanesische Deutsch-Neuguinea, die mikronesischen Inselgruppen (Marshallinseln, Karolinen, Marianen, Palau), die als Samoa zusammengefasste polynesische Inselgruppe (Bevölkerung der pazifischen Inseln insgesamt: 640 000) sowie das chinesische Kiautschou-Gebiet (190 000). Insgesamt umfasste das deutsche Kolonialreich eine Fläche von 2,95 Millionen Quadratkilometern (Reich: 0,54 Millionen) mit einer Bevölkerung von gut 13,5 Millionen Menschen (Reich: etwa 65 Millionen). Die konzeptionslos wirkende und umstrittene Expansionspolitik, die bald nach Nordafrika, bald nach China, bald in den Nahen Osten und bald nach Zentralafrika gelenkt wurde, legte die Eigenheiten des europäischen Imperialismus bloß. Die Erwartungen an materielle Gewinne waren vage und spekulativ, sie wurden selten präzise überprüft. Dafür trieben nationale Konkurrenzängste, Furcht vor einem Bedeutungsverlust in einer kleiner gewordenen Welt, Abwehr gegen Globalisierung und ihre politischen Rückwirkungen, zunehmend auch völkisch-rassistische Vorstellungen eines Weltkampfes der Nationen die Expansion voran. Die Formen waren sehr unterschiedlich: Die Inbesitznahme erfolgte durch Okkupation qua Kriegsrecht (zum Beispiel in der Buea-Region in Kamerun) oder durch Kauf- und Schutzverträge mit einheimischen Herrschern (zum Beispiel die Duala-Region ebenfalls in Kamerun), durch Verträge mit anderen Kolonialmächten (so mit Spanien im Fall der Marianen) oder durch Pachtvertrag (wie in Kiautschou). Ohnehin fehlte es, abgesehen von der Kongo-Akte, vor dem Ersten Weltkrieg an völkerrechtlich verbindlichen Regeln der kolonialen Expansion. Auch fehlte jede Instanz zur Beilegung von Konflikten zwischen den Kolonialmächten. Vereinzelte Konferenzen (Kongo 1884/85, Samoa 1889) und Schiedssprüche schufen dafür nur unzulänglichen Ersatz. Territorial- und Grenzkonflikte wurden in bilateralen Verträgen gelöst. Da die europäischen Staaten die

Kolonien als ihr Souveränitätsgebiet ansahen, akzeptierten sie völkerrechtliche Einschränkungen nicht. Im Inneren der Kolonien waren die europäischen Herren völlig frei in der Regelung von Verfassung, Verwaltung und Recht.

3
Verfassung und Verwaltung

Verfassung und Reichsverwaltung

Mit der Übernahme formeller Kolonialherrschaft wurde die Einordnung der Schutzgebiete in das Verfassungs- und Verwaltungssystem des Reichs erforderlich. Das Schutzgebietsgesetz vom 17. April 1886, zuletzt in der Fassung vom 10. September 1900 in Kraft (*Reichsgesetzblatt*, 1900, S. 813 f.), übertrug dem Kaiser die Ausübung der »Schutzgewalt« im Namen des Reichs. Unter »Schutzgewalt« verstand man die volle Souveränität, die neben der Exekutive auch Legislative und Jurisdiktion umfasste. Es handelte sich insofern um ein Ermächtigungsgesetz, das die Gewaltenteilung ebenso wie die Rechte des Reichstags aufhob. Der Reichskanzler konnte seinerseits Verwaltungsverordnungen für die Schutzgebiete erlassen, diese Befugnis aber auch Beamten des Schutzgebiets übertragen. Der Reichstag hatte sich durch das Schutzgebietsgesetz bei Kolonialfragen selbst ausgeschaltet, einbezogen wurde er nur bei Kolonialgesetzen, die Auswirkungen auf das Reich hatten. Da auch die Haushalte von Reich und Kolonien – ausgenommen nur die zentrale Kolonialverwaltung in Berlin – getrennt geführt wurden und die Schutzgebiete also finanziell selbständig sein sollten, blieb dem Reichstag auch über das Haushaltsrecht keine Zugriffsmöglichkeit – dies freilich nur im Prinzip, denn de facto trugen sich die Kolonien nicht selbst, ihre Ausgaben waren in der Regel durch die Einnahmen, vor allem Kopf-, Haus- und Hüttensteuern, Zölle und Gebühren, nicht gedeckt. Darlehen oder Zuschüsse des Reichs wurden erforderlich. Damit war der Reichstag involviert, so dass Debatten gerade anlässlich kolonialer Krisen und hoher Finanzforderungen für Eingreiftruppen unvermeidlich wurden – was der Popularität der Kolonien in Deutschland nicht eben zuträglich war.

Die Zuständigkeit für die Schutzgebiete lag anfangs bei der Abteilung für die deutschen überseeischen Interessen im Auswärtigen Amt, seit 1890 bei der dort eingerichteten Kolonialabteilung. Am 17. Mai 1907 wurde ein eigenes Reichskolonialamt geschaffen. Nur Kiautschou, das zunächst vor allem als Marinestützpunkt gedacht war, unterstand dem Reichsmarineamt. 1890 wurde der Berliner Kolonialverwaltung ein Kolonialrat mit beratender Funktion beigeordnet. Die Mitglieder wurden vom Reichskanzler berufen. Der erste Kolonialrat hatte 19 Mitglieder, zwölf davon gehörten Kolonialunternehmen an. Bis 1901 stieg die Mitgliederzahl auf 40. Das Gremium fasste zwar zahlreiche Beschlüsse, entfaltete aber wenig praktische Wirkung; 1908 wurde es aufgelöst. Ebenso scheiterte 1910 und 1913 der Plan, in Berlin einen Kolonialgerichtshof als zentrale Revisionsinstanz für alle Entscheidungen von Gerichten der Schutzgebiete in Zivil- und Strafsachen einzurichten.

Die staats- und völkerrechtliche Stellung der Kolonien war voller Widersprüche. So blieb sie während der gesamten deutschen Kolonialzeit ein Quell unerschöpflicher rechtswissenschaftlicher Debatten. Die Kolonien waren nach Art. 1 der Reichsverfassung nicht Teil des Reichs, sie waren insofern nicht Inland. Auch war das im Deutschen Reich geltende öffentliche Recht in den Schutzgebieten nicht in Kraft, dies betraf beispielsweise die grundrechtsrelevanten Bereiche der Presse-, Vereins- und Versammlungsfreiheit. De facto wurden allerdings Teile des deutschen Rechts ohne nähere Regelung in den Kolonien angewendet. Das Reichs- und Staatsangehörigkeitsgesetz vom 22. Juli 1913 bezeichnete die Schutzgebiete sogar als Inland (*Reichsgesetzblatt*, 1913, S. 583). Als Ausland galten die Schutzgebiete jedenfalls in der Regel nicht, trotz der anfänglichen Zuständigkeit des Auswärtigen Amts. Ausland waren die Schutzgebiete vor allem in Bezug auf die Zoll- und Steuergesetzgebung, hier galt nur eine Meistbegünstigungsklausel. Verträge des Reichs schlossen im Übrigen die Schutzgebiete nicht ein, es sei denn, dies war ausdrücklich festgehalten. Nach dem Schutzgebietsgesetz kam die Souveränität in den Gebieten indes zweifellos dem Reich zu. Allerdings wurden Rechtsverfügungen, welche die Schutzgebiete betrafen, nicht im *Reichsgesetzblatt* veröffentlicht, sondern in dem 1890 geschaffenen, von der Kolonialabteilung des Auswärtigen Amtes herausgegebenen *Deutschen Kolonialblatt*. Daher schlug man vor, die Schutzgebiete völkerrechtlich als Inland und staatsrechtlich als Ausland zu charakterisieren. Auch das blieb nicht unumstritten, hatte das Reich doch unbezweifelbar nach dem Ende der Kompanie-Verwaltung die staatsrechtliche Herrschaft, etwa ausgedrückt in Verwaltung, Justiz und Militär, in den Kolonien übernommen.

Obwohl die überseeischen Gebiete seit Bismarck als »Schutzgebiete« bezeichnet wurden, galten sie der Mehrheit der Rechtslehre nicht als Protektorate, wie sie andere Kolonialmächte errichtet hatten, sondern als »Kolonien«. Im Protektorat übernahm die Imperialmacht nur bestimmte staatliche Aufgaben, doch wurde im Prinzip die Souveränität des »beschützten« Staats nicht aufgehoben. Das aber lehnte die deutsche Staatsrechtslehre ab. Die wesentlichen Attribute von Staatlichkeit sah man im Fall der überseeischen Völker oder politischen Einheiten nicht gegeben. Jedenfalls wurde die einheimische Bevölkerung durch das Schutzgebietsrecht der deutschen Souveränität unterworfen. Ihre Rechtsstellung blieb allerdings widersprüchlich. Die »Eingeborenen«, wie sie durch Verordnung des Kaisers vom 9. November 1900 definiert wurden, erhielten nicht das deutsche Staatsbürgerrecht, sie galten nicht einmal als Reichsangehörige, sondern bloß als Untertanen oder Schutzbefohlene des Reichs. Damit unterstanden sie der Reichsgewalt, aber deutsche Gesetze besaßen für sie keine Gültigkeit, wenn es nicht ausdrücklich durch kaiserliche Verordnung festgehalten war. So hatten sie keine Möglichkeit, gegen Verfügungen von Kolonialbehörden oder Urteile von Kolonialgerichten Widerspruch im Reich einzulegen. Die Deutschen, die in den Kolonien lebten, behielten dagegen ihre aus der Reichsangehörigkeit hervorgehenden Ansprüche. Für sie galt weitgehend das deutsche Recht, beispielsweise in vielen Zivilangelegenheiten wie im Eherecht. Andere Europäer in den deutschen Kolonien waren zumeist den Reichsangehörigen gleichgestellt und hatten damit eine bessere Rechtsstellung als die »Eingeborenen«. Die Rechtsstellung der rund 10 000 Inder und Araber in Ostafrika wurde in besonderen Verfügungen fixiert. Die rechtliche Vielfalt und Widersprüchlichkeit erweiterte den Handlungsspielraum der Verwaltung.

Verwaltungsaufbau und Personal

Drei Merkmale kennzeichneten die deutsche Verwaltung in den Kolonien: die zwar zunehmende, aber äußerst geringe personelle Präsenz, die Bündelung der Kompetenzen sowie die Personalisierung und Ent-Normierung des administrativen Handelns. Dabei folgte der Ausbau der Verwaltung keinem vorbereiteten Plan, auch wenn im Zweifel das preußische Modell aufgegriffen wurde, sondern entwickelte sich experimentell und in Reaktion auf neue Herausforderungen. Dies galt für alle Ebenen der Verwaltung. Die an der Spitze der Kolonien stehenden Beamten (zunächst Reichskommissare, dann so genannte Landeshauptleute, spätestens seit dem Ende des 19. Jahrhunderts Gouverneure) waren unmittelbar der Kolonialabteilung beziehungsweise dem Reichskolonialamt in Berlin unterstellt und an deren Weisungen gebunden. Allerdings wurden legislative Befugnisse an die Gouverneure delegiert, diese schufen einen Großteil des Rechts in den Kolonien. Ihre Kompetenzen und Möglichkeiten waren außerordentlich weitreichend, manchmal erinnerte ihre Regierungsweise an eine Art Vizekönigtum, etwa bei Theodor Leutwein in Südwestafrika (»System Leutwein«, 1894–1905), Jesco von Puttkamer in Kamerun (»Puttkamerun«, 1895–1907) oder Wilhelm Solf auf Samoa (1900–1911). Seit 1903 mussten die Gouverneure ihre Verordnungen im Geltungsgebiet publizieren, eine gewisse Verrechtlichung und damit Kontrollierbarkeit wurde dadurch befördert. Wenig wirkungsvoll war der Gouvernementsrat, der dem Gouverneur als beratendes Gremium an die Seite gestellt war und aus vom Gouverneur ernannten Mitgliedern, Kolonialbeamten und anderen »weißen« Einwohnern des Schutzgebiets, bestand. Anfangs war die Gouvernementsverwaltung wenig differenziert. 1885 bestand die Spitze des Schutzgebiets Südwestafrika aus drei Beamten, einschließlich des Reichskommissars; nach Kamerun brachte der Gouverneur Julius von Soden gerade einmal vier Beamte mit, darunter Amtsdiener und Dolmetscher. 1896 wurde die Zentralverwaltung in Kamerun von 15 Beamten gebildet, davon gehörten zwei dem höheren Dienst an, 1904 waren es 29, darunter zehn im höheren Dienst, 1912 schließlich insgesamt 81, von denen 30 im höheren Dienst standen. Nach der Jahrhundertwende spezialisierte sich die Verwaltung in Fachressorts. Seit 1902/03 gab es in jeder Kolonie Finanzdirektoren, später entstand eine Zolldirektion, und auch die Justizverwaltung wurde ausgegliedert. Ausgebaut wurde vor allem der Bürodienst, nicht die technische oder Wirtschaftsverwaltung. Erst mit den Kolonialreformen von 1906/07 sollte sich das langsam ändern (Hausen, 1970, S. 76 f.).

Einen fast noch größeren Wirkungskreis als die Gouverneure hatten die Bezirksamtleute, die auf der mittleren

Ebene die Verwaltung leiteten. Die Aufteilung in Bezirke, die dann wieder nach Bedarf in Distrikte untergliedert waren, hatte anfangs allerdings eher fiktiven Charakter. Erst nach und nach wurden die Kolonien von einem flächendeckenden Netz von Verwaltungsstützpunkten mit Bezirksamtleuten überzogen. Je nach Situation, gerade im Landesinneren und unter Kriegsrechtsbedingungen, blieb es lange bei Militärstationen, bevor eine zivile Verwaltung aufgebaut werden konnte. Militärstationen übernahmen auch Aufgaben der zivilen Verwaltung, neben eigentlichen Bezirksämtern gab es weitere Zivilstationen, so dass noch am Vorabend des Ersten Weltkriegs ein festes System schwer auszumachen war. In der Tendenz zielte man aber erstens auf eine Angleichung und Vereinheitlichung, zweitens auf eine Zurückdrängung der vom Militär geführten Stationen zugunsten ziviler Bezirksämter und drittens auf eine stärkere Rationalisierung, Bürokratisierung und Kontrolle der Administration auf Bezirksebene. Dabei blieben die Aufgaben der Bezirksamtleute und der Distriktchefs außerordentlich umfangreich. Noch 1914 beschränkte sich das Personal in den dreizehn Bezirken Kameruns auf insgesamt 93 Beamte aller Ebenen, einschließlich der Bezirksamtleute selbst. Mit diesem minimalen Personal mussten weitreichende Aufgaben erledigt werden, die Polizei, Straßenbau, Schulen, Medizinalwesen, Landeskultur, Arbeiterpolitik und Steuern sowie das Justizwesen umfassten. An einen geordneten Verwaltungsgang nach europäischem Muster oder auch nur an Schriftlichkeit der Verwaltungsführung war dabei vorerst ebenso wenig zu denken wie an eine feste Einbindung in die administrative Hierarchie. Große Verwaltungssprengel, weite Entfernungen und unzulängliche Kommunikationsstrukturen machten eine ständige Verbindung zwischen Gouvernementsspitze und Bezirk unmöglich.

Unter diesen Bedingungen hingen Qualität und Effizienz der Verwaltung auch auf der Bezirksebene von der

Persönlichkeit der Beamten ab. Die Kolonialbeamten galten seit 1896 nicht mehr als Reichsbeamte, sondern als im Reichsdienst stehende Landesbeamte des Schutzgebiets, sie erhielten dementsprechend ihr Gehalt aus dem Schutzgebietshaushalt. Erst 1910 wurden die beamtenrechtlichen Fragen in den Kolonien durch ein besonderes Beamtengesetz geregelt. Die Anwerbung von geeignetem Personal in Deutschland war allerdings nicht leicht. Der Kolonialdienst, der in noch kaum erschlossenen Gebieten absolviert werden musste, bei dem mannigfaltige Krankheiten drohten und bei dem Familien kaum mitgenommen werden konnten, war für etablierte Beamte nicht nur wenig attraktiv, er genoss auch keinen guten Ruf. Unter wohlsituierten Bürgern galten die Kolonien als Ausflucht für gescheiterte Existenzen, die im Reich nicht zurechtgekommen waren. Das Charakterprofil mancher Kolonialpioniere wie Carl Peters mochte zu diesem Eindruck beigetragen haben, wenn es sich auch wohl tatsächlich meist eher um junge aufstrebende Beamte handelte, die nur auf Zeit in die Kolonien gehen wollten, um noch einmal Abenteuer und Freiheit von bürokratischem Zwang zu erleben. Jedenfalls blieb zum Beispiel die seit 1905 intensivierte Werbung für den Polizeidienst in Südwestafrika ohne den erwarteten Erfolg. Die Skepsis hinsichtlich des Kolonialdienstes reichte bis hinauf zur Reichsspitze und zum Kaiser. Als Wilhelm Külz, damals Bürgermeister von Bückeburg, 1907 nach Südwestafrika gehen wollte, soll Kaiser Wilhelm II. dies anlässlich eines Besuchs mit den Worten kommentiert haben: »Euer Bürgermeister scheint doch sonst ein ganz vernünftiger Mensch zu sein, was will denn der in den Kolonien?« (zit. nach: Huber, 2000, S. 122). Mit dem Nimbus des britischen Indien-Dienstes oder mit dem Elitegeist und Ansehen des in eigener Ausbildungsstätte geschulten französischen Kolonialdienstes hatte das wenig zu tun. Daher versuchte man auch in Deutschland die Ausbildung für den Kolonialaufenthalt zu verbessern. Den Anfang machte die Deutsche Kolonialschule in Witzenhausen bei Kassel, die im Mai 1898 in privater Trägerschaft aus dem Umfeld der evangelischen Afrika-Arbeit entstand. Unter dem Motto »Mit Gott für Deutschlands Ehr, daheim und überm Meer« wollte sie eine ebenso christlich wie national gesinnte Kolonialelite schaffen. Im Mittelpunkt stand die Ausbildung in Kolonialwirtschaft. Die 1908 ebenfalls in Witzenhausen gegründete, 1911 nach Weilbach verlagerte Kolonial-Frauenschule sollte gleichermaßen auf den Überseeaufenthalt vorbereiten. Am bedeutsamsten war das im April 1908 gegründete Hamburger Kolonialinstitut, auf dem künftige Kolonialbeamte eine einjährige Ausbildung absolvieren mussten. Neben der Ausbildung sollte auch die ähnlich wie im französischen, anders als im britischen Kolonialsystem angestrebte regelmäßige Rotation der Beamten die Qualität des Kolonialdienstes fördern. Allerdings schotteten sich die Kolonialbeamten zunehmend ab, sie fühlten sich durch Kritik von Parteien und Parlament in Berlin unrechtmäßig angeprangert sowie durch Auflagen von Regierung und Verwaltungsjuristen gegängelt.

Dies galt auch und nicht zuletzt für Kolonialmilitärs. Männer wie Hermann Wissmann, Hans Dominik in Kamerun oder Paul von Lettow-Vorbeck in Ostafrika prägten das Selbstverständnis der Schutztruppen. Die Kolonialmilitärs waren demnach verwegene Pioniere, die mit Mut und Kampfgeist fremdes Land für Deutschland erschlossen und verteidigt hatten. In den ersten Jahren, als Widerstände und Unruhen die koloniale Durchdringung behinderten, basierte die deutsche Kolonialmacht auf den wenigen Militärs am Ort. Da in einzelnen Kolonien die Erschließung des Landes noch bis über die Jahrhundertwende hinaus dauerte – in Togo bedurfte es an die 50 Militärexpeditionen, in Kamerun über 100, um das beanspruchte Gebiet effektiv in Besitz zu nehmen –, behielt das Militär eine Schlüsselstellung, die es zu eigenmächtigen subimperialistischen Bestrebungen nutzte. Seit der Jahrhundertwende ging die Zahl der Militärstationen zugunsten ziviler Verwaltungsstationen zwar zurück. Die Truppenzahlen aber stiegen beständig bis 1914. Anfangs hatte man sich auf kleine Zahlen farbiger Soldaten beschränkt, die in umliegenden Regionen angeworben wurden, so in Kamerun, wo 1889/90 nur zwölf farbige Soldaten vorgesehen waren, oder in Ostafrika, wo 1888 Askaris aus der Küstenregion angeworben wurden. Im Verlauf der 1890er Jahre wurden diese Truppen zur Kolonialschutztruppe ausgebaut und stärker diszipliniert. In Kamerun umfasste die Kolonialtruppe 1900 bereits 900 farbige Soldaten, 1914 waren es rund 1700 Mann. In Südwest- und Ostafrika standen zu diesem Zeitpunkt 1954 bzw. 2760 Mann, in Togo befand sich keine Schutztruppe, nur bewaffnete Polizei. In Kamerun und Ostafrika bestand die Kolonialtruppe zu 90 Prozent aus Afrikanern, die allerdings nicht in Offiziersränge aufstiegen; in Südwestafrika dagegen wurden nach den Aufständen ausschließlich Weiße eingesetzt. Der koloniale Militärdienst war für deutsche Offiziere, anders als der Verwaltungsdienst für Beamte, durchaus attraktiv. Er war gut bezahlt und bot – zumindest vermeintlich – die Chance zu Kampf und Bewährung frei von politischen, parlamentarischen und bürokratischen Zwängen. Auch die Kolonialmilitärs galten allerdings in Deutschland als eher problematische Charaktere, die wegen disziplinarischer Probleme den Überseedienst gewählt hatten. Bis über die Jahrhundertwende entzog sich das Militär de facto oft administrativer Kontrolle, erst nach den Kolonialreformen begann man den grundsätzlich bereits seit 1896 fixierten Oberbefehl des Gouverneurs über das Militär durchzusetzen. Das verstärkte allerdings das Bemühen der Offiziere, sich aus Aufgaben der zivilen Kolonialverwaltung ganz zurückzuziehen, etwa aus dem Polizeidienst, um so Autonomie gegenüber der zunehmend von Berlin aus kontrollierten und verrechtlichten Gouvernementsverwaltung zu behaupten.

Ein besonderes Problem stellte die Verwaltung Deutsch-Südwestafrikas dar, der einzigen Siedlungskolonie. An der Jahrhundertwende lebten hier über 2000 Deutsche, und ihre Zahl stieg rasch. Windhuk und Swakopmund waren deutsch geprägte Städte, in denen einige hundert deutsche Kaufleute, Handwerker, Beamte und Angehörige der Schutztruppe zusammenlebten. Seit 1899 kamen daher Forderungen nach Selbstverwaltung auf, 1907/08 bereitete Wilhelm Külz deren Einführung vor. Daraus ging die Verordnung des Reichskanzlers über die Selbstverwaltung in Deutsch-Südwestafrika vom 28. Januar 1909 hervor. Demnach waren Gemeindeverbände mit Gemeinderäten, Bezirksverbände mit Bezirksräten und ein Landesrat zu bilden. Zu den Aufgaben der Gemeindeverbände als Selbstverwaltungskörperschaften gehörten die Verwaltung und Gesetzgebung für Wegebau, Wasserversorgung, Fäkalien- und Müllentsorgung, Armenfürsorge, Marktwesen, Begräbnisse, teilweise auch Ortspolizei und Schulwesen. Die Bezirksverbände hatten entsprechende, allerdings eingeschränktere Befugnisse. Der Landesrat war anfangs nur ein beratendes Organ, eine Selbstverwaltung der Kolonie insgesamt sollte nicht eingeleitet werden. Fortan war zwischen Gemeindeangehörigkeit und Gemeindebürgerrecht zu unterscheiden. Gemeindebürgerrecht und damit Wahlrecht auf Gemeindeebene hatte nur, wer Reichsangehöriger war, nicht der Schutztruppe angehörte, mindestens 25 Jahre alt, männlich, wirtschaftlich selbständig und seit mindestens einem Jahr im Gemeindegebiet ansässig war. Das passive Wahlrecht war teilweise enger gefasst, für den Landesrat war ein Mindestalter von 30 Jahren und eine wenigstens zweijährige Ansässigkeit im Schutzgebiet erforderlich. Nicht als Gemeindebürger, wohl aber als Gemeindeangehörige galten Ausländer und »Eingeborene«. Die »Eingeborenen« wurden zur Wahrnehmung ihrer Rechte durch einen »Eingeborenenkommissar« vertreten, sie sollten aber keine Selbstverwaltung erhalten. Den Interessen der Siedler wurde hier Rechnung getragen, die Absonderung der ethnisch verstandenen Bevölkerungsgruppen verschärft. Die Selbstverwaltung sollte weitere Zuwanderer aus Deutschland anziehen, von einer Beteiligung einheimischer Kräfte befürchtete man abschreckende Wirkungen. In Ostafrika dagegen erwog man namentlich für die Städte des entwickelteren Küstenraums im Rahmen von Selbstverwaltungsmodellen eine weitergehende Einbeziehung der einheimischen Bevölkerung, um die heimischen Eliten zu binden und derart die Stabilität der Kolonie zu fördern, doch nach 1911 brachen die Experimente ab. In Tsingtau wurde als Vertretungsorgan ein »Chinesenkomitee« eingerichtet, später traten an dessen Stelle Vertrauensleute.

Formen von Kooperation und Herrschaftsbeteiligung

Das berührte die sowohl unter grundsätzlichen wie unter praktischen Erwägungen umstrittene Frage, in welcher Weise einheimische Kräfte in Verwaltung und Herrschaft eingebunden werden könnten. Dabei wurde keine durchgängige und einheitliche Lösung gefunden, vielmehr kam es zu sehr unterschiedlichen und vielfach veränderten Regelungen. Alle Konzepte mussten beständig neuen Gegebenheiten angepasst werden. So wurden vorgefundene Autoritäten dort akzeptiert, wo man mangels Militär und hinreichender Beamtenschaft eine effiziente deutsche Verwaltung gar nicht erst errichten konnte. Das im Norden Südwestafrikas gelegene Land der Ovambo blieb vom kolonialen Zugriff bis zu den Aufständen von 1904 weitgehend verschont, danach wurde die Grenze für Weiße gesperrt und das Gebiet vollständig abgeschottet. Auch im

Norden Kameruns sowie in Ruanda und Urundi (das heutige Burundi) wurden Formen indirekter Herrschaft praktiziert. Im Inneren Ostafrikas wurden dagegen abgestufte Formen einer Häuptlingsverwaltung installiert. Oft aber galten derartige Regierungsweisen nur als Notbehelfe oder Übergangsformen. Sobald sich Verwaltung oder Militär dazu in der Lage sahen, strebten sie eine Ausweitung formalisierter Kontrollmöglichkeiten und schließlich die Übernahme der direkten Herrschaft an.

Der Ausbau der Territorialverwaltung in Kamerun (Hausen, 1970, S. 105–109) beschränkte sich zunächst auf die südlichen Regionen; in dem ohnehin erst 1902 ganz in Besitz genommenen nördlichen Drittel versuchte man vorerst durch Residenten deutsche Herrschaftsansprüche zu gewährleisten. Die dortigen, feudal strukturierten, von islamischen Eliten geführten staatlichen Gebilde waren noch recht intakt und mit den in Kamerun verfügbaren Militärkräften kaum zu zerschlagen. So betrachtete man sie als Vasallenstaaten, deren Regierungen lediglich ein deutscher Resident mit Rat zur Seite stehen sollte. Als Leiter der zunächst zwei Kameruner Residenturen amtierten Kolonialoffiziere, die von einer Kompanie Soldaten gestützt wurden. Derart sollten sie in der Lage sein, den vom Reich verkündeten Landfrieden durchzusetzen. Um die Regierungsgeschäfte aber sollten sie sich nicht kümmern. Die Residenten tendierten indessen bald zur Verselbständigung: Sie griffen in die Herrschaftsverhältnisse am Ort ein, legten weitere Stationen an, versuchten Steuern einzutreiben und Straßen anzulegen. Anfangs unterstützten die Residenten die islamischen Herrscher bei der Unterwerfung nichtislamischer Bevölkerungsteile, dann versuchten sie die verschiedenen Bevölkerungsgruppen, Religionsgemeinschaften und Feudalherrscher gegeneinander auszuspielen. Umgekehrt nutzten auch die heimischen Kräfte die Residenten, um ihre Position abzusichern. 1913 schließlich wurde das System indirekter Herrschaft in Nordkamerun aufgegeben, die Deutschen zogen die Polizei- und Gerichtsgewalt an sich und delegierten sie dann in dosierter Form an einzelne heimische Herrscher.

Das Residenturprinzip taugte nicht für kleinteilig-akephale Gesellschaften, wie sie das Landesinnere Ostafrikas charakterisierten, aber ähnlich auch in Neuguinea aufgefunden werden konnten. Hier fand man nur lokale Autoritäten, die von den Deutschen als »Häuptlinge« bezeichnet wurden. Es schien wenig ratsam, deren Autorität zu schwächen und damit einen Ordnungsfaktor zu beseitigen, zumal man sich den Aufbau einer eigenen teuren Lokalverwaltung ersparen wollte. Außerdem mochten die Häuptlinge als Vermittler zwischen Kolonialherren und Bevölkerung dienen, und schließlich konnte die Beibehaltung des Häuptlingssystems die Einfügung in die neuen Herrschaftsverhältnisse erleichtern. In der ostafrikanischen Praxis war das freilich nicht ohne Probleme umzusetzen. So erhob man heimische Autoritäten, deren Macht bislang durch konsensuale Praktiken und Räte eingehegt war, zu Amtshäuptlingen und verschaffte ihnen damit eine traditionswidrige Monopolstellung, die ihre Legitimität untergrub. Ein Gleiches galt, wenn man Häuptlinge als »Jumben«, als Ortsvorsteher, einsetzte. Wo man Häuptlinge zuvor nach kriegerischem Widerstand abgesetzt hatte, wo man keine kollaborationswilligen Einheimischen fand oder es gar keine geeigneten Amtsträger gab, musste man indes auch Häuptlinge neu schaffen, die man nach vermuteter Loyalität und Zugehörigkeit zu Häuptlingsfamilien aussuchte. Als »Akiden«, als Vorsteher mehrerer Orte, wählte man dagegen bewusst Ortsfremde, oft sogar Araber aus der Küstenregion. Die neuen Amtsträger, ob traditionaler Herkunft oder nicht, mussten als Sachwalter der Kolonialherrschaft unliebsame Pflichten durchsetzen, etwa Arbeitslasten verteilen. All das schuf in Ostafrika vielfältige Konflikte, schürte Hass zwischen Bevölkerungsteilen und funktionierte nur, solange es vom Militär gestützt wurde. Umgekehrt musste die Kolonialherrschaft darauf achten, dass der Amtsträger seine neue Macht nicht nutzte, um sich seinerseits wieder von den Kolonialherren zu lösen. Ähnlich in der Vorgehensweise, aber infolge der ausgleichenden und integrativen Politik des Gouverneurs Albert Hahl (seit 1902) weniger konfliktreich in den Folgen verlief die Einsetzung von einheimischen Dorfvorstehern (»Luluais«) in Neuguinea, die Privilegien erhielten und bestimmte Angelegenheiten einschließlich der niederen Rechtssprechung autonom nach traditionalen Normen regeln durften, aber zugleich als ausführendes Organ der Kolonialverwaltung beispielsweise bei der kollektiven Erhebung der Steuern wirkten. Auch auf Samoa wurden einheimische Dorfautoritäten neu eingesetzt.

Auf Samoa und in Deutsch-Südwestafrika wollten sich die Gouverneure an die Spitze vorgefundener Hierarchien stellen. Auf Samoa betrieb Wilhelm Solf seit 1900 eine paternalistische Politik, die auf eine Bewahrung traditionaler Strukturen, Verwaltungselemente und Sitten setzte, allerdings das hergebrachte Königtum beseitigte. In Südwestafrika versuchte Theodor Leutwein seit 1894 eine Art feudales System aufzubauen, in dem die Deutschen die Oberhoheit ausübten, den Landfrieden garantierten und Heeresfolge verlangten, im Übrigen aber durch Übereinkommen mit den heimischen Völkern und ihren Führern die bisherigen Hierarchien im beiderseitigen Interesse verfestigten. Das betraf vor allem die Großgruppen der Herero und Nama, die recht ausdifferenzierte und intakte Strukturen aufwiesen und auch aufgrund ihrer Kultur – die Nama unter ihrem Führer (»Kapitän«) Hendrik Witbooi waren bereits mit dem Christentum in Berührung gekommen – den Deutschen als akzeptable Partner erschienen. Herero und Nama standen allerdings auch in Konkurrenz zueinander. Das im mittleren Südwestafrika beheimatete Hirtenvolk der Herero versprach sich von der Kooperation mit den Deutschen Schutz vor Expansionswünschen der im Süden ansässigen Nama. Zudem wollte sich der Herero-Große Samuel Maharero mit Hilfe der Deutschen als Oberführer der Herero etablieren. Das kam wiederum Leutwein entgegen, der klare feudale Hierarchien anstreben musste, und zwischen 1894 und 1896 konnte Samuel Maharero mit Unterstützung Leutweins konkurrierende Führer zurückdrängen. Auch die um Selbstbehauptung bemühten Witbooi-Nama unterstellten sich schließlich der deutschen Herrschaft. Hendrik Witbooi erhielt nun wie Samuel Maharero ein Jahressalär aus der Kolonialkasse von immerhin 2000 Mark. Seit 1895 unterstützte Hendrik Witbooi im Sinne Leutweins qua Heeresfolge die Niederschlagung von Unruhen, dies noch am Beginn des Aufstandes der Herero im Jahr 1904, bevor sich die Nama selbst gegen die Kolonialherrschaft erhoben. Ebenso wenig wie Solf wollte Leutwein die reale Hierarchie verleugnen. Anders aber als auf Samoa scheiterte der Versuch, moderne Kolonialverwaltung und feudale Formen zu verbinden. Abgesehen von den konkurrierenden Interessen der Siedler, die auf den Pazifikinseln keine Rolle spielten, unterschätzte Leutwein, dass seine Verhandlungspartner nicht primär an der Stabilisierung der Kolonie, sondern am Ausbau ihrer eigenen Autorität interessiert sein mussten, wenn sie sich unter den Bedingungen rapiden Wandels behaupten wollten. Loyalität blieb Gegenstand beständigen Aushandelns.

Der Fall Südwestafrika offenbarte besonders deutlich die Probleme indirekter Herrschaftsformen und die inneren Widersprüche einer Einbindung heimischer Autoritäten. Eine wirkliche Integration der Einheimischen in den kolonialen Apparat war nie geplant, nur wenige wurden im Kolonialdienst engagiert. In Deutsch-Ostafrika war 1904 nur jeder siebte Angestellte der Kolonialadministration Afrikaner (51 gegenüber 280 Weißen, im britischen Ostafrika, dem späteren Kenia, waren es dagegen 135 Weiße gegenüber 217 Nichtweißen; vgl. Gann/Duignan, 1977,

S. 72), und diese blieben auf subalterne Funktionen ohne Aufstiegsmöglichkeiten beschränkt. Nur im Militär war der Anteil von Afrikanern, allerdings in der Regel gerade nicht Ortsstämmige, bei weitem höher; die Mannschaften bestanden – ausgenommen in Südwestafrika – fast durchweg aus Afrikanern, die gut besoldet wurden, es immerhin bis zum Feldwebel bringen konnten und sogar eine Rente erwarten durften. Doch einflussreiche Positionen im Kolonialmilitär konnten auch sie nicht erreichen. Residentensystem und Amtshäuptlingschaften wiederum führten über kurz oder lang zur Umschichtung der Gesellschaftsordnung und zu politischen Konflikten. Strukturen wurden festgeschrieben, denen die traditionale Legitimität abging. Personen wurden gestärkt, die nun der Kolonialmacht bedurften, um Amt und Einfluss zu bewahren. In Ruanda und Urundi stützte das deutsche Residentursystem, besonders der Resident in Ruanda Richard Kandt, die als feudal-ethnische Elite wahrgenommenen Tutsi gegen die Hutu-Mehrheit und half überdies schwachen Monarchen, ihre Herrschaft zu festigen. Tiefe Konflikte wurden damit angelegt, die über die Kolonialzeit hinaus bis in die Gegenwart nachwirken. Kooperationsbereite Herrscher konnten aber auch, wenn sie ihre Autorität im eigenen Lager schwinden sahen, die Position wechseln und auf Konfrontationskurs gehen, wie in Südwestafrika. Jedenfalls sahen einheimische Autoritäten die Chance, die von den Kolonialherren oktroyierte duale Gesellschaft, die Europäer und Einheimische hierarchisch voneinander trennte, zu durchbrechen. Wie schon bei den Schutzverträgen gingen beide Seiten davon aus, sich die jeweils andere nutzbar machen zu können.

Darin drückte sich aus, dass die Realität des kolonialen Systems in einer Dichotomisierung von Tätern und Opfern nicht aufgeht. Ausmaß und Form der kolonialen Herrschaft waren – trotz massiver, gewaltbestimmter Schieflage – Ergebnis von beständiger Unterhandlung.

Umso wichtiger waren die Vermittler zwischen den Kulturen. Das waren zum einen die Dolmetscher. Dabei handelte es sich anfangs oft um Deutsche, doch wurden sie bald um Einheimische ergänzt. Diese wurden durch vergleichsweise hohe Gehälter und durch die Hoffnung auf Privilegien und Einfluss im kolonialen System angelockt, befanden sich aber immer in einer prekären Position; jeder Dolmetscher hörte »die Sträflingskette in größerer oder geringerer Ferne klirren«, stellte der Togoer Kolonialbeamte Rudolf Asmis 1908 nüchtern fest (zit. nach: Trotha, 1994, S. 205). Mittler waren zum anderen die geschäftlichen Wanderer zwischen beiden Kulturen: in China die Kompradoren, die zugleich Angestellte europäischer Firmen waren und eigene Geschäfte mit eigenen Angestellten betrieben, die – in der Regel mehrsprachig – vor allem den Europäern Geschäfte im Land vermittelten; in Afrika die arabischen Kaufleute wie Tippu Tip aus Sansibar, der weit gespannte Handelsverbindungen bis nach Westafrika unterhielt und sich zwischen den politischen Systemen und europäischen Kolonialherren zu behaupten wusste. So unterschiedlich diese Mittler auch in die koloniale Hierarchie eingebunden waren, dokumentierten sie doch gleichermaßen die Vernetzung kolonialer Beziehungen. Die Mittler filterten, was und wie es übermittelt wurde. Dabei hatten sie eigene Interessen und Möglichkeiten, sie waren nicht bloß Instrumente, sondern Akteure. Derart verschwammen die Grenzen: Tippu Tip, der Araber und Sklavenhändler, und Hermann von Wissmann, der Deutsche und vermeintliche Bekämpfer des Sklavenhandels, standen in engerem Kontakt, als es die deutsche Öffentlichkeit wahrhaben wollte. Noch kurz vor seinem Tod im Jahr 1905 schrieb Wissmann einen respektvollen Nachruf auf seinen langjährigen Partner. Im Fall Wissmann / Tippu Tip war nicht mehr eindeutig, wer eigentlich mit wem kollaborierte; die Beziehungen verblieben im Zwielicht. In der kolonialen Situation entzogen sich die Verhältnisse den einfachen Dichotomien, die von der deutschen Öffentlichkeit erwartet wurden. Mancher Bezirksbeamte der Kolonialverwaltung, der abgeschieden im Landesinneren agierte, pflegte mehr als nur administrativ bedingte enge Beziehungen mit den regionalen Autoritäten. Charakteristisch waren die changierenden Verhaltensweisen, die den beständigen Wechsel von Widerstand und Kooperation ermöglichten. Auch Hendrik Witbooi, Samuel Maharero und Theodor Leutwein in Deutsch-Südwestafrika waren in diesem Sinn Teilhaber eines Systems, in dem die Nutzung von Handlungschancen ausschlaggebend war, nicht die prinzipielle Entscheidung für oder gegen koloniale Herrschaft.

4
Recht und Justiz

Grundsätze und Ziele

Ebenso wie das koloniale Verfassungs- und Verwaltungsrecht stellte das Zivil- und Strafrecht ein Feld breiter rechtswissenschaftlicher Erörterungen dar. Juristen entdeckten die Kolonien quasi als Tabula rasa. Recht musste hier völlig neu gestaltet werden, und es musste andere Aufgaben erfüllen als im Reich. Inwieweit es dabei europäischen Grundsätzen folgen müsse, blieb in der Diskussion. Zu einer zusammenfassenden Kodifikation, wie sie zumindest für das Strafrecht seit 1896 diskutiert wurde, kam es nicht mehr. Schon das zugrunde gelegte Recht war zerstreut. Es basierte zum Teil auf Reichsrecht, das indes nur insoweit galt, als es ausdrücklich eingeführt worden war, sodann auf vielfältigen Verordnungen, Verfügungen oder Ausführungsbestimmungen, die für die Schutzgebiete insgesamt oder auch nur einzelne Kolonien entweder – seltener – vom Kaiser und vom Reichskanzler oder – zumeist – von einem Gouverneur erlassen worden waren. Es ließ den Richtern in den Kolonien grundsätzlich weiten Spielraum. Nach herrschender Auffassung war das auch unvermeidlich. Nur der Richter vor Ort kenne die Verhältnisse, die Sitten und das Rechtsverständnis der Betroffenen; nur er könne folglich ermessen, was eine Handlung und was ein Urteil bedeute.

Dahinter stand die Vorstellung, dass das Recht pädagogische Funktionen übernehmen müsse: »Die Eingeborenen sind Kinder – sie müssen erzogen werden durch Verbote und Strafen« (Bauer, 1905, S. 34 f.). Tatsächlich ging man davon aus, dass die »Eingeborenen« wenig Verständnis für westliche Rechtsgüter hätten und ihnen westliche Strafvorstellungen »geradezu drakonisch« erscheinen müssten. In der Konsequenz wurde sogar gefordert, »die Farbigen als Minderjährige unter 18 Jahren zu behandeln«. Das hätte zwar in der Logik der paternalistischen Sicht gelegen, erschien der Mehrheitsmeinung aber übertrieben und »gekünstelt« (ebd., S. 82). Jedenfalls galt das Recht, und namentlich das Strafrecht, als »soziale Massregel«, »um das Eindringen unserer Zivilisation vorzubereiten« (ebd., S. 34). Zweck des kolonialen Strafrechts sei es, so ein Bezirksrichter aus Duala (Kamerun), »den Eingeborenen Achtung vor fremder Persönlichkeit und fremdem Eigentum beizubringen, sie an die Befolgung der Gebote und Verbote eines ihnen bisher unbekannten Staatswillens zu gewöhnen« (ebd., S. 35). Hinter dieser als politisch verstandenen Aufgabe sollten alle anderen Ziele von Recht und Gerichtsbarkeit zurückstehen. Das Recht war auch in dieser Perspektive an den Zweck anzupassen, zu modifizieren und flexibel zu gestalten, nicht dagegen nach starren Grundsätzen zu handhaben.

Daher wurden die europäischen Rechtsstandards in den Kolonien bewusst zurückgestellt. Der Grundsatz der Rechtsgleichheit galt hier ausdrücklich nicht. Es gab in der Regel zwei getrennte Rechtskreise für »Weiße«, das heißt Europäer, und für »Eingeborene«. Die »Angehörigen fremder farbiger Stämme«, gemeint waren unter anderem Inder und Araber, wurden nach einer Verordnung vom November 1900 den »Eingeborenen« »gleichgestellt, soweit nicht der Gouverneur [...] mit Genehmigung des Reichskanzlers Ausnahmen bestimmt. Japaner gelten nicht als Angehörige farbiger Stämme« (zit. nach: Naucke, 1988, S. 301). Die Willkür der Zuordnung war offensichtlich. Nur für die Europäer am Ort galt im Wesentlichen das Reichsrecht. Nur für sie gab es ein zweistufiges, mit Juristen besetztes Gerichtssystem mit Bezirksgerichten (teils mit, teils ohne Beisitzer) und einem Obergericht für jede Kolonie; Togo und Kamerun verfügten über ein gemeinsames Obergericht. Nur für diese Gerichte galt die deutsche Prozessordnung. Einheimische hatten mit diesen Gerichten indes nur dann zu tun, wenn sie in Prozesse mit Deutschen verwickelt waren. Im Übrigen galten für sie gänzlich andere Grundsätze. Für sie gab es weder bei Zivil- noch bei Strafurteilen eine zweite Instanz. Strafurteile ab einem bestimmten Strafmaß mussten lediglich dem Gouverneur zur Bestätigung vorgelegt werden. Er konnte ein Begnadigungsrecht ausüben oder die Bestätigung verweigern, aber, wie es dann übereinstimmende Praxis wurde, das Urteil nicht selbst revidieren.

Neben der Gleichheit vor dem Gesetz wurde auch die Trennung der Justiz von der Verwaltung für die einheimische Bevölkerung in den Kolonien nicht praktiziert, im Übrigen trotz einiger Debatten auch nicht angestrebt. Die Trennung von Justiz und Verwaltung sei für die Kolonien »schlechterdings unbrauchbar«: »Unabhängige, nur dem Gesetze verantwortliche Richter wären geradezu ein Hemmnis einer gedeihlichen Entwicklung, sie müssten, wenn anders sie ihre Aufgabe gewissenhaft und streng nach dem Gesetz erfüllen, in manchen Fällen Urteile sprechen, deren Vollstreckung der Gouverneur, der für die Ruhe in den Kolonien verantwortlich ist, gezwungen wäre, zu inhibieren« (Bauer, 1905, S. 70 f.). Nach dieser Anschauung war es nicht Aufgabe der Gerichtsbarkeit in den Kolonien, Recht anzuwenden, sondern die Verwaltungstätigkeit zu unterstützen. Im Übrigen wurde die Rechtspflege als Mittel gesehen, mit dem die Verwaltung Aufschluss über die Zustände in ihrem Bezirk erhielt. Die Gerichtsbarkeit blieb also bei den Verwaltungsinstanzen; Richter waren die Stationsvorsteher und Bezirksamtleute, das heißt im Einzelfall sehr unterschiedlich qualifizierte Beamte, teilweise sogar mit militärischem Hintergrund. Das betraf zivilrechtliche wie strafrechtliche Verfahren gleichermaßen, hatte aber, da viele Zivilfälle gar nicht erst vor die deutschen Richter gebracht wurden, besonders im Strafrecht gravierende Auswirkungen.

Hinzu kam, dass der Kolonialstrafprozess ein Inquisitionsprozess war: Der Bezirksamtmann war Ermittler, Ankläger und Richter in einer Person – ein Strafverteidiger war ohnehin nicht bindend vorgesehen und in der Praxis wohl die Ausnahme. Mit dem Inquisitionsverfahren wurde ein in Europa im Verlauf des 19. Jahrhunderts beseitigtes Rechtsrelikt wiederbelebt. Aus Sicht deutscher Juristen entsprach es den Erfordernissen in den Kolonien, dies schon, indem es die Autorität des Bezirksamtmanns in seiner Funktion als Richter stärkte. Umgekehrt konfrontierte es die einheimische Bevölkerung mit einem Rechtsapparat, der als Ausdruck konzentrierter Machtentfaltung der Kolonialherren, als ein Instrument der Kolonialherrschaft verstanden werden musste, das von der Exekutivgewalt kaum zu unterscheiden war. Dazu trug die symbolische Darstellung des Rechts bei: Gerichtsverfahren wurden meist im Freien unter einem Sonnendach vor der zuschauenden Ortsbevölkerung aufwendig inszeniert. Dieser pompöse Auftritt der geballten kolonialen Rechtsmacht wurde weniger abgefedert durch das Ideal europäischer Rechtsstaatlichkeit, das die Kolonialbevölkerung allenfalls rudimentär wahrnehmen konnte, als durch den Fortbestand vorkolonialer Rechtstraditionen.

Beteiligung der »Eingeborenen« und »Eingeborenenrecht«

In beträchtlichem Maß wurden in den deutschen Kolonien die einheimischen Instanzen in die Rechtspflege einbezogen, und in erheblichem Umfang wurde auch einheimisches Recht respektiert. Das galt vor allem, aber nicht nur für den Bereich des Zivilrechts. Dahinter standen sehr unterschiedliche Erwägungen. Zum Ersten war es den Deutschen anfangs kaum möglich, alle Bereiche der Rechtspflege zu übernehmen. Dafür fehlte es an Personal ebenso wie an Kompetenz, zumal ganze Gebiete noch gar nicht administrativ erschlossen waren. Zum Zweiten galt die Nutzung heimischen Zivilrechts als sinnvoll, um Konflikte innerhalb der einheimischen Bevölkerung intern zu lösen und die Kolonialverwaltung nicht damit zu belasten. Zum Dritten schien es empfehlenswert, das bestehende Recht erst langsam zu überformen, um kulturelle Brüche und Widerstände zu vermeiden. Dem diente zum Vierten die Einbindung heimischer Kräfte in die Rechtsprechung, dadurch konnten überdies Vermittlungsprobleme und Missverständnisse vermindert werden. Freilich gab es Grenzen: Bestimmte Sitten wie die Vielehe wollte man nicht unter Verweis auf traditionales Recht prinzipiell unter Schutz stellen, dies hätte die Missionen provoziert und die Öffentlichkeit in Deutschland mobilisiert. Unter der Hand freilich wurden von Seiten der Kolonialbeamten auch als atavistisch angesehene Praktiken geduldet, wenn damit die Loyalität heimischer Instanzen gesichert werden konnte.

Traditionale Rechtsfindung musste in den Regionen akzeptiert werden, in denen indirekte Herrschaftsformen praktiziert wurden. In den Residenturen von Nordkamerun sowie in Urundi und Ruanda blieb das Rechtssystem in der Hand der örtlichen Herrscher, selbst wenn in den Ersteren die islamischen Elemente mit missionarisch-christlichen Ansprüchen kollidierten. Nur der Resident von Adamaua in Kamerun behielt sich ein Bestätigungsrecht vor. In Südwestafrika war den heimischen Autoritäten, den »Häuptlingen« und »Kapitänen«, in den Schutzverträgen die Beibehaltung einer eigenen Gerichtsbarkeit zugesichert worden. Im »System Leutwein« wurde das bis zu den Herero-Nama-Aufständen von 1904 respektiert. »Durch den Aufstand haben natürlich die Eingeborenen, mit Ausnahme der treu gebliebenen Bastards von Rehoboth, diese Rechte verwirkt«, hieß es danach lapidar (Kuhn, 1913, S. 322). In den küstenfernen Regionen Ostafrikas, in denen die administrative Erschließung nur langsam vorankam, übten noch bis nach der Wende zum 20. Jahrhundert traditionale Räte die Gerichtsbarkeit aus, und selbst in den Küstengebieten Ostafrikas urteilten einheimische Richter nach örtlichem, in diesem Fall sogar muslimischem Recht. Soweit möglich, überließ man auch in Togo, Kamerun und Neuguinea die Entscheidung über bürgerliche Rechtsstreitigkeiten in geringfügigeren Angelegenheiten den Häuptlingen.

Allerdings wurden die vermeintlich traditionalen Häuptlingsgerichte zunehmend durch Regulierungen und Berufungsmöglichkeiten eingebunden. Aus traditionalen Rechtsfindungsgremien wurden damit unterste Instanzen einer kolonialen Zivilgerichtsbarkeit für Einheimische. Als Berufungsinstanzen dienten beispielsweise in Kamerun so genannte Eingeborenenschiedsgerichte, deren Mitglieder vom Gouverneur ernannt wurden. In Samoa oblagen Teile der Zivilgerichtsbarkeit einheimischen Richtern, bei Immobilienangelegenheiten, das heißt vor allem in Landfragen, sowie in Familien- und Eherechtsfällen wurden Einheimische zumindest als Beisitzer einbezogen. So weit ging man allerdings in keiner anderen Kolonie. In Ostafrika wurde dem Bezirksamtmann die Zivilgerichtsbarkeit übertragen. Er hatte aber in bestimmten Rechtsfragen heimische Rechtskundige (»Wali«) beratend einzubeziehen. In der Fachliteratur wurde dieses Verfahren hoch gelobt, erleichtere es doch die Vermittlung schwieriger Sachverhalte. Aus Sicht der Einheimischen war es nicht unproblematisch, weil damit traditionale Autoritäten noch enger in das koloniale System eingebunden und dabei eventuell desavouiert wurden. In Kiautschou verblieb die Zivilgerichtsbarkeit ganz bei den deutschen Instanzen, Dorfälteste und andere Rechtskundige konnten zur Auskunft über das Gewohnheitsrecht befragt werden.

Dahinter stand die Absicht, den Entscheidungen in Fällen, in denen lediglich Einheimische involviert waren, das lokale Gewohnheitsrecht zugrunde zu legen. Auch die deutschen Richter, normalerweise also die Bezirksamtleute, sollten danach Recht sprechen. Das warf vielerlei Probleme auf. In der Regel handelte es sich um ungeschriebenes Recht. Es konnte von Ort zu Ort höchst verschieden sein, und es war seinem Wesen nach nicht starr, sondern flexibel, es wurde beständig neuen Herausforderungen angepasst. Streng genommen war es auch kein Recht im westlichen Sinn, sondern eher ein religiös, sozial und verwandtschaftlich fundierter Normenkanon und Verhaltenskodex. Es entsprach weder europäischen Vorstellungen von Einheitlichkeit noch von Kalkulierbarkeit; es hatte keine präjudizierende Wirkung. Um es für die deutsche Gerichtsbarkeit zu erfassen, hatte man zwei Möglichkeiten: Entweder konnte man heimische Rechtskundige befragen wie in Kiautschou und Ostafrika. Doch war man dann auf deren Interpretation angewiesen, die man nicht immer für zuverlässig, jedenfalls für interessengebunden hielt. Zudem kam man so nicht zu einem europäischen Ansprüchen genügenden fixen, einheitlichen und berechenbaren Recht. Oder man konnte das Gewohnheitsrecht aufzeichnen. Dann konnte man es am ehesten in eine europäischen Vorstellungen genügende Form bringen. Dieser Weg wurde seit Beginn der 1890er Jahre beschritten. Neben Verwaltungsbeamten beteiligten sich Forscher und Missionare. Später arbeitete im Berliner Reichskolonialamt eine Kommission an der Kodifikation des »Eingeborenenrechts«. Zahlreiche bislang mündlich überlieferte Lokalrechte wurden publiziert, vom *Recht der Marshallinsulaner, Papuas, Bantuneger, Hottentotten*, das der Berliner Rechtswissenschaftler Josef Kohler 1897–1902 zusammenstellte, über die *Stammesrechte der Bezirke Atakpame, Misahöhe, Anecho und Lome-Land*, die der Togoer Referent Rudolf Asmis 1910/11 publizierte, bis zum *Samoanischen*

Familien-, Immobiliar- und Erbrecht, das der Nachfolger Solfs als Gouverneur in Samoa, Erich Schultz, 1911 vorlegte. Diese Sammlungen folgten neben Forschungsneugier auch je spezifischen Interessen. Schon die Auswahl der befragten Gewährsleute war nicht unproblematisch, und die Zusammenstellung des Berichteten zu Lokal- und Regionalgesetzbüchern war von Vorverständnis und Nutzungsbedürfnissen geprägt. Fraglich war, ob das derart dokumentierte Recht noch traditionales Recht war. Denn einmal niedergeschrieben, war es quasi erstarrt, es hatte also seine Wandlungsfähigkeit verloren, und es war im Prozess der Niederschrift – und zumeist auch der Übersetzung – schon interpretiert und umgedeutet worden. Zudem musste man im Prinzip für fast jeden Ort das je spezifische Recht aufzeichnen. Ob das alles Legitimität vermitteln, Akzeptanz erreichen würde, war ungewiss; bis 1914 konnte noch keine abschließende Bilanz gezogen werden.

Auch in die Strafgerichtsbarkeit wurden Einheimische einbezogen. In Samoa blieb die Strafgerichtsbarkeit zum größten Teil den Einheimischen überlassen, die das 1893 von einem schwedischen Oberrichter aufgezeichnete *Eingeborenenstrafrecht* zugrunde legen mussten. In Togo, Kamerun und Neuguinea wurde den Häuptlingen die niedere Strafgerichtsbarkeit überlassen, bei im Einzelnen unterschiedlicher Abgrenzung (in Kamerun immerhin bis zu 300 Mark Geldstrafe und sechs Monaten Gefängnisstrafe). Bei Strafverhandlungen vor dem Bezirksamtmann wurde wiederum der Wali (Jumbe, Dorfälteste oder »Kapitän«) beratend einbezogen. Dabei sollten alle Handlungen unter Strafe stehen, die nach dem *Reichsstrafgesetzbuch* oder nach den jeweiligen traditionalen »Stammesrechten« strafbar waren, im Kollisionsfall galt das Reichsstrafrecht – obwohl es formal in der Kolonie für die einheimische Bevölkerung gar nicht eingeführt worden war. Zudem wurde empfohlen, Rechtsbewusstsein und kriminelle Absicht der Angeklagten mit zu berücksichtigen. Damit wurde den

Richtern ein weiter Spielraum eingeräumt, den sie beispielsweise nutzten, um Häuptlinge zu verschonen: Eine strafrechtliche Gleichbehandlung mit anderen »Eingeborenen« schwäche die Autorität der Häuptlinge, die nach traditionalem Recht eine Sonderstellung auch bei Rechtsverstößen einnahmen, und untergrabe damit die koloniale Hierarchie. Der Umgang der Kolonialherren mit traditionalen Rechtselementen erwies sich hier als eklektisch und zweckgebunden.

Praxis der Strafgerichtsbarkeit

Ungeachtet dessen wollte man in der Strafgerichtsbarkeit anders als im Bereich des Zivilrechts das einheimische Recht keinesfalls zur alleinigen Quelle der Rechtsfindung machen. Das Strafrecht galt als wichtiges Instrument der Verwaltung, um Ordnung und Disziplin zu sichern und die Erziehung und Integration der Kolonialbevölkerung zu garantieren. Allerdings gab es in den Kolonien kein festes materielles Strafrecht. Nach Auffassung der deutschen Juristen ebenso wie der Praktiker in den Kolonien sollte das Strafrecht dem jeweiligen »Kulturzustand« der Bevölkerung angepasst werden, also Rücksicht auf Rechtsempfinden und Unrechtsbewusstsein der Einheimischen nehmen, um diese an europäische Maßstäbe heranzuführen. Diese anpassungsfähige Strafpolitik löste sich von den Regeln des Rechtsstaats. Grundsätze, die in Europa als unabdingbar galten, wurden in den Kolonien mit Zustimmung der Rechtswissenschaft aufgegeben. Das Prinzip »nullum crimen sine lege« wurde relativiert, nach Bedarf wurden Straftatbestände neu definiert. Auch schuf man für Vergehen Jugendlicher die Möglichkeit der Verwandtenhaftung. Zeitweise wurde sogar erwogen, Verdachtstrafen wieder einzuführen, wie sie in Europa mit der Aufklärung am Ende des 18. Jahrhunderts endgültig beseitigt worden waren.

Die vorgesehenen Strafen widersprachen ebenfalls europäischen Standards. Abgesehen vom Landesverweis, der in Europa gar nicht möglich gewesen wäre, zählten zum Spektrum der Strafen nunmehr Todesstrafe, Gefängnis mit Zwangsarbeit, Kettenhaft, körperliche Züchtigung (Prügelstrafe) oder Geldstrafe. Gefängnisstrafen galten als wenig sinnvoll: Ihre Erziehungswirkung war offenbar gering, und nach aller Erfahrung überlebten die Verurteilten mehrjährige Strafen kaum. Zwangsarbeit und Kettenstrafen, bei der Häftlinge in Ketten an öffentlichen Baustellen arbeiten mussten, kamen den kolonialen Bedürfnissen entgegen. Zudem wurden Körperstrafen zur Regel, wie es sie in Deutschland längst nicht mehr gab. Sie schienen am wirkungsvollsten, zumal sie dem Vergehen auf dem Fuß folgen konnten. Die Prügelstrafe wurde mit der Nilpferdpeitsche oder einem Tauende ausgeführt. Nachdem in Kamerun der Stellvertreter des Gouverneurs, Heinrich Leist, eine Meuterei seiner aus Afrikanern gebildeten Polizeitruppe provoziert hatte, indem er die Frauen der Soldaten wegen Arbeitsverweigerung hatte auspeitschen lassen, ergingen 1896 detaillierte Anordnungen, welche die Grenzen und Bedingungen von Körperstrafen in den afrikanischen Gebieten festlegten. So durfte die Prügelstrafe nicht mehr auf Araber, Inder und Frauen angewendet werden. In Südwestafrika waren Personen besseren Standes, in Kamerun Häuptlinge davon ausgenommen. Männliche Jugendliche unter 16 Jahren unterlagen nur der Rutenstrafe. Das Höchstmaß der Prügelstrafe lag bei 50 Schlägen (in Kiautschou dagegen 100 Schläge), mehr als 25 Schläge durften nicht auf einmal verabreicht werden, der zweite Vollzug durfte frühestens nach zwei Wochen erfolgen. Der Verurteilte war vor dem Vollzug auf seinen körperlichen Zustand hin zu untersuchen. Sofern verfügbar, sollte ein Arzt bei der Vollstreckung anwesend sein.

Die Praxis hatte mit den Ausführungsverordnungen und den Erörterungen über Sinn und Grenzen der Körperstrafen oft wenig zu tun. Die Prügelstrafe wurde immer wieder unkontrolliert und über das vorgeschriebene Maß hinaus angewendet. Die Verhältnisse in den Stationen waren kaum kontrollierbar, und da über Prozesse und Strafvollzug nur unzulänglich Protokoll geführt wurde, blieb den Beamten ein weiter Spielraum; die Dunkelziffer dürfte erheblich gewesen sein. Solange es der Sicherstellung von Ordnung und Arbeitskräften diente und nicht zu Debatten in Deutschland führte, wurde es von der Gouvernementsverwaltung hingenommen, da so der kundige Beamte vor Ort Möglichkeiten zur schnellen Reaktion auf Verstöße erhielt, oder, wie es ein deutscher Stationsleiter in Togo formulierte: »Nichts wäre thörichter, als den Neger nur nach Prinzipien zu bestrafen. Im Gegenteil, der Weisse muss von Fall zu Fall und je nach der Person überlegen, welche Strafe er gerade am zweckmässigsten zu verhängen hat« (zit. nach: Trutz von Trotha, in: Heine / van der Heyden, 1995, S. 529 f.).

Auch die Verletzung von Pflichten, die aus Arbeitsverträgen folgten, war strafrechtlich sanktioniert. Zivilrechtliche Ansprüche wurden also in dem für die Kolonialmacht besonders wichtigen Fall der Arbeitsleistung mit dem Strafrecht geregelt. So wurden Pflichtverletzung bei der Arbeit oder das Verlassen der Arbeitsstelle mit körperlicher Züchtigung oder Kettenhaft bis zu 14 Tagen bestraft, denn: »Nach dem übereinstimmenden Urteil aller Kenner unserer kolonialen Verhältnisse ist eine derartige Bestimmung, so sehr sich unser europäisch geschultes Rechtsgefühl dagegen sträubt, nicht zu entbehren. Zur Ausnützung der Schätze des Bodens sind die Arbeitskräfte der farbigen Bevölkerung unentbehrlich, und bedauerlicherweise ist die Trägheit derselben, ihre Neigung, mitten unter der Arbeit zu entlaufen, wenn nicht gerade der Hunger, die einzige Macht, der sie sich beugen, sie zwingt, sich ihr Brot zu verdienen, eine derart starke, dass ohne Zwangs- und Zuchtmittel gegen den farbigen Arbeiter jede Bodenkultur im Schutzgebiete unmöglich wäre« (Bauer, 1905, S. 56 f.). In diesem Zusammenhang erwog man sogar, die Disziplinargewalt, das Züchtigungsrecht, auf den Arbeitgeber zu übertragen, da der Bezirksbeamte oft zu weit entfernt residierte und sich Strafexekutionen zu sehr zu verzögern drohten: »Uebereinstimmend sind alle, welche Gelegenheit hatten, den Charakter der schwarzen Rasse zu studieren, der Ansicht, dass eine Strafe dem Neger gegenüber nur wirkt, wenn sie der Tat auf dem Fusse folgt, jedoch nach Tagen oder Wochen nachfolgende Bestrafung nur als Ungerechtigkeit empfunden wird, weil die Erinnerung an die Tat dem kurzen Gedächtnis des Negers längst entschwunden ist« (ebd., S. 57). In der Praxis waren Auspeitschungen von Arbeitern durch Betriebsleiter oder Plantagenbesitzer ohnehin üblich.

In der Abkehr von europäischen Normen scheint das koloniale Rechtssystem für einen Rückfall hinter moderne Errungenschaften zu stehen. Selbst mit dem Ausbau der Kolonialverwaltung und den Reformen von 1906/07, die zu einer Humanisierung der Kolonialherrschaft führen sollten, änderte sich die Tendenz nicht. Die Statistik weist zwischen 1900/01 und 1912/13 einen gravierenden Anstieg der Verurteilungen zu Prügel- oder Rutenstrafe aus (für Ostafrika von 3467 auf 8057, für Kamerun von 315 auf 4800, für Südwestafrika von 257 auf 1262 und für Togo von 162 auf 832; vgl. Stoecker, 1991, S. 187). Nur vorübergehend war für Ostafrika ein Rückgang zu verzeichnen; die Prügel wurde zum ständigen Instrument kolonialer Autoritätssicherung. Die statistische Zunahme ist zum Teil auf eine bessere Erfassung der Strafen und auf eine Verlagerung von unkontrollierten Züchtigungen auf rechtsförmig bestimmte Strafen zurückzuführen. Das reicht zur Erklärung aber nicht aus. Vielmehr war in weiten Kreisen von Juristen und Kolonialbeamten die Prügelstrafe bis zum Ende der deutschen Kolonialherrschaft unumstritten, sie galt als angemessenes und unvermeidliches Instrument der Kriminalpolitik, Disziplinierung und Erziehung. Wegen dieser konsequenten Zweckorientierung hat man das deutsche Kolonialstrafrecht sogar als durchaus modern bezeichnet; es habe sich um die situationsgemäße Umsetzung von Vorstellungen gehandelt, die in der Rechtswissenschaft der Zeit geläufig gewesen seien (Naucke, 1988). Die Diskussion über das deutsche Strafrecht der Zeit, etwa das Jugendstrafrecht, folgte ähnlichen Grundsätzen, befürwortete eine ähnliche Differenzierung und damit Individualisierung der Strafen. Auch wenn diese Interpretation die Herrschaftspraxis und die allgegenwärtige Gewalt in den Kolonien allzu sehr rationalisiert, ist doch richtig, dass das Recht nicht nur Normen des Zusammenlebens durchsetzen, sondern Bedingungen für eine Nutzung der ökonomischen Ressourcen schaffen sollte.

5
Wirtschaft und Wirtschaftspolitik

Ordnungspolitik

Kolonialpolitik war Landpolitik. Erwerb von Land, Verfügung über Land und Nutzung von Land standen im Mittelpunkt, begründeten Erfolge und Probleme der Kolonisation. Allerdings kamen die Europäer zunächst als Händler, die bloß nutzen wollten, was ihnen heimische Zwischenhändler anboten: Waren, die meist aus extensiver heimischer Sammelwirtschaft gewonnen wurden, etwa Kautschuk. Auch erwartete man sich von der Kolonisation die Erschließung neuer Absatzräume. Tatsächlich spielte der Export in die Kolonien eine gewisse Rolle, allerdings weniger in ökonomischer Beziehung als in soziopolitischer. Denn erstes Exportgut war Alkohol. Adolph Woermann machte damit in Kamerun Gewinne, moralisch-politische Kritik aus Deutschland konterte er mit dem Hinweis auf die Sicherung von – deutschen – Arbeitsplätzen. Auch in Südwestafrika fand Alkohol schnell Nachfrage unter den Herero, dies geschah parallel zum Niedergang ihrer Viehwirtschaft und ihrer gesellschaftlichen Existenzgrundlagen, hier wie generell auch parallel zur Ausweitung von Lohnarbeit und Geldverkehr. Die Erwartungen, die sich an Kolonien knüpften, bezogen sich indes vor allem auf das Land im konkreten Sinn, als Siedlungsland für Auswanderer wie als schier unerschöpfliche Ressource. Die deutschen Auswanderer freilich zogen weiterhin Amerika vor, nur wenige Hundert gingen in die Kolonien; angesichts der natürlichen und vor allem klimatischen Bedingungen war ohnehin nur Südwestafrika als Siedlungskolonie geeignet. Für andere Kolonien, so Kamerun und Ostafrika, wurden zwar auch immer wieder

Siedlungspläne erwogen, doch kamen dafür allenfalls kleine Zonen in Betracht. In jedem Fall blieb man auf einheimische Arbeitskräfte angewiesen. Daran knüpften sich allerdings zwei zentrale Probleme: die Frage von Landeigentum und Landrecht einerseits und die Frage der Rekrutierung von Arbeitskräften andererseits.

Die Frage des Landrechts stand am Anfang. Auf der Basis der Schutzverträge gingen die Kolonialgesellschaften umgehend daran, weiteres Land zu erwerben. Das konnte durch Kaufverträge geschehen, aber auch durch Besetzung von Land, das als herrenlos galt. Die Kolonialgesellschaften hatten anfangs weitgehend freie Hand, und sie nutzten dies, um sich große Gebiete zu sichern. Nach der Übernahme durch das Reich sicherte die koloniale Rechtsetzung privaten Bodenerwerb ab. Zum einen konnte Land privat von Einheimischen erworben werden. Die Kaufverträge waren fragwürdig wie die meisten kolonialen Verträge und die einheimischen Vertragspartner oft nur unzulänglich legitimiert. Die traditionalen Rechtsordnungen kannten sehr unterschiedliche Regelungen, was Gemeineigentum, Individualbesitz und die Verkäuflichkeit von Grund und Boden betraf. Käufer wie Verkäufer setzten sich darüber hinweg. Zum anderen annektierte der Staat vermeintlich ungenutztes Land als »Kronland« oder »Regierungsland«, wie es für Ostafrika und Kamerun 1896 ermöglicht wurde, und gab es dann über Kauf oder Verpachtung an Kolonialgesellschaften aus, die dafür ein Entgelt zu zahlen hatten – freilich oft erst in Form einer Abgabe auf künftige Gewinne. Eine große Zahl von Kolonial- und Pflanzungsgesellschaften (1913 waren es insgesamt 101; vgl. Schinzinger, 1984, S. 60) teilte nun das Landgeschäft unter sich auf. Aber auch einzelne Kolonialbeamte beteiligten sich an dem Wettlauf um Land, und zu den großen Landeigentümern zählten selbst die Missionen, die damit einerseits ihre wirtschaftliche Existenz absichern, andererseits Mustergüter schaffen wollten. Die Verkaufsregulierungen waren oft wenig präzise, dies manchmal sogar bezüglich der Abgrenzung von Gebieten. Auf diese Weise gingen riesige Ländereien zu geringfügigen Preisen in europäisches Eigentum über. Allein die Gesellschaft Süd-Kamerun erwarb ein Gebiet von der fünffachen Fläche des Königreichs Sachsen, dreizehn europäische Gesellschaften verfügten in Kamerun 1904 über insgesamt mehr als 50 000 Hektar Boden, bis Anfang 1913 waren es 58 Gesellschaften, die über 115 000 Hektar in ihr Eigentum übernommen hatten (Wirz, 1972, S. 24).

Die Landerwerbungen waren keineswegs als Siedlungsland gedacht, oft war nicht einmal die nähere Nutzung gewiss. In vielen Fällen handelte es sich um spekulative Erwerbungen. Woermann wies seinen Agenten am Ort schon im Mai 1884, also vor der formellen Inbesitznahme, an, durch Kaufverträge möglichst viel Land zu erwerben, um es dann, wenn dort dereinst eine deutsche Kolonie eingerichtet und Landwirtschaft betrieben würde, Gewinn bringend weiterzuveräußern. Von dem Kameruner Gesellschaftsland wurde 1913 gerade einmal ein Viertel bewirtschaftet. Die Gesellschaft Süd-Kamerun ging mit ihrem Territorialerwerb an die Börse, die Aktien wurden zum nicht unbeträchtlichen Teil von ausländischen Anlegern gekauft, darunter wiederum Kolonialgesellschaften. Diese Form der Spekulation hatte offenkundig wenig mit den nationalpolitischen und volkswirtschaftlichen Erwartungen zu tun, welche die Kolonialbewegung geweckt hatte. Bürgerliche Sozial- und Bodenreformer kritisierten die Praxis denn auch scharf. »Kamerun oder Kiautschou« – so lautete nun das Schlagwort der Debatte: Kamerun stand für eine von der Kolonialabteilung in Berlin geförderte Politik der Privatisierung des Bodens. In Kiautschou dagegen verhinderte die unter der Verantwortung des Reichsmarineamts stehende Verwaltung den freien Verkauf chinesischen Grundbesitzes an deutsche Privatleute und Gesellschaften. Sie sicherte sich nach dem Plan, den

Wilhelm Schrameier, ein Kolonialbeamter mit langjähriger China-Erfahrung in deutschen Konsulaten von Hongkong bis Shanghai, entworfen hatte, vielmehr ein Vorkaufsrecht und führte eine Wertzuwachssteuer ein, die fortan auf alle Verkäufe zu entrichten war und quasi die auf die Kolonialtätigkeit des Deutschen Reichs zurückgehende Wertsteigerung eines Grundstücks in die eigene Staatskasse lenken wollte. Spekulation sollte dadurch ausgeschlossen werden. Aus Sicht deutscher Bodenreformer wie Adolf Damaschke war das vorbildlich. Der Boden sei der wertvollste Teil der Kolonie, ihn der privaten Spekulation zu entziehen sei im Interesse der Nation, und eine »Weltpolitik« sei »im Zeitalter des gleichen, geheimen, direkten Stimmrechts« nur unter »verständnisvoller freudiger Zustimmung der großen arbeitenden deutschen Volksmenge« möglich (Damaschke, 1900, S. 5 f., 25 f.).

Derartige Erwägungen waren den Verwaltungen in den großflächigen Territorialkolonien Afrikas allerdings fremd. Ihnen ging es darum, die Kolonien schnell zu renditeträchtigen Anlageobjekten zu machen, die den Staat nicht belasteten. Dazu musste man auch die heimische Arbeitskraft mobilisieren, ohne die eine Nutzung des Landes kaum möglich war. Arbeitskräfte brauchten die Verwaltungen zum Beispiel für Bauprojekte, an erster Stelle Wege- und Eisenbahnbau, sodann die Minengesellschaften in Südwestafrika und vor allem die Plantagen. Die Zahl der Plantagenarbeiter stieg rapide (in Kamerun von unter 500 im Jahr 1895 auf fast 18 000 im Jahr 1912; vgl. Wirz, 1972, S. 25); der Bedarf konnte trotzdem nicht gedeckt werden. Verschärft wurde die Problematik dadurch, dass in manchen Regionen Männer nach der Tradition landwirtschaftliche Arbeit nicht verrichteten. Für Südwestafrika wurde im Zuge der Aufstände von 1904 von radikalen Militärs wie Lothar von Trotha erwogen, ganz auf die heimische Arbeitskraft zu verzichten – sinnvoll war das auch aus Sicht der deutschen Siedler nicht. Grundsätzlich konnte man entweder mit Arbeitsverpflichtungen operieren, in Form einer Sachsteuerlast oder einer Art Fronarbeit, oder durch Werbung und Lohnarbeit einen Arbeitsmarkt aufbauen. Beide Wege wurden beschritten. Die Arbeitsverpflichtung, die zum Teil kollektiv ganzen Dörfern auferlegt wurde, stellte zwar schnell Arbeit bereit, war auf Dauer aber – als unbeliebte Pflichtleistung – wenig effektiv. Arbeitskräfte entzogen sich, Strafmaßnahmen gegen Dörfer dienten nicht der Stabilisierung kolonialer Verwaltung. Die Werbung von Lohnarbeit war ebenfalls nur begrenzt erfolgreich. Vor allem gelang es kaum, Arbeitskräfte dauerhaft einzubinden. Immer wieder verschwanden ganze Arbeiterkolonnen etwa beim Eisenbahnbau, wenn die Löhne zu niedrig und die Arbeitsbedingungen zu hart waren oder auch wenn eine erwünschte Lohnsumme erreicht war. Daher griff die Verwaltung mit dem Disziplinarrecht ein, was langfristig für die Ausbildung eines modernen Arbeitsmarkts eher kontraproduktiv war. Daneben stellte die Einrichtung von Reservaten wie in Kamerun, Ost- und Südwestafrika ein Instrument auch der Arbeitsmarktpolitik dar. Eingewiesen in begrenzte, oft qualitativ unzulängliche Ländereien, waren die Afrikaner nun zur Aufnahme von Lohnarbeit genötigt. In Südwestafrika wollte man derart zwar auch den Ausverkauf von Herero-Land eindämmen, zugleich aber das Nomadenvolk zur Sesshaftigkeit und damit ebenfalls zur Arbeitssuche bei deutschen Betrieben veranlassen.

Ein zentrales Instrument der Arbeitsmarktpolitik – wie der Kolonialpolitik überhaupt – war die Steuer. Steuerauflagen sollten neben Gebühren und Zöllen nicht nur die Kosten von Administration und Schutztruppen decken, sondern auch der politischen Lenkung dienen, bestimmte Verhaltensweisen honorieren, andere sanktionieren, die Aufnahme von Lohnarbeit fördern und nicht zuletzt der Geldwirtschaft zum Durchbruch verhelfen. Hütten- oder Kopfsteuern, wie sie in Kamerun und Ostafrika erhoben wurden, waren in barem Geld zu entrichten. Dies sollte als Anreiz dienen, die hergebrachte Subsistenzwirtschaft aufzugeben und Lohnarbeit zu übernehmen, um das erforderliche Bargeld in die Hand zu bekommen. Der Erfolg war fraglich: Die Steuern führten zu phantasievollen Auswegen, etwa im Fall der Hüttensteuer zum Zusammenwohnen mehrerer Familien in einer Hütte, was soziale und hygienische Folgeprobleme mit sich brachte, oder zur Manipulation von Bevölkerungsdaten; sie provozierten Widerstände, die wie in Ostafrika 1905 auch im offenen Aufruhr enden konnten. Jedenfalls konkurrierten immer wieder die verschiedenen Ziele der Steuer. Unter den Bedingungen einer vormodernen, vorschriftlichen Kultur war allerdings an eine effiziente flächendeckende Erhebung direkter Steuern kaum zu denken. Nur in Teilen Togos versuchte man, eine Einkommenssteuer einzuführen. Wichtiger blieben die indirekten Steuern, die einerseits höhere Einnahmen versprachen, andererseits zur Regulierung des Konsums eingesetzt werden konnten, etwa bei Alkohol. Doch ein Großteil der indirekten Steuern betraf nur die Europäer am Ort, da die Einheimischen als Konsumenten europäischer Waren keine nennenswerte Bedeutung erlangten. Bis 1914 gelang es nur punktuell, die Kolonialbevölkerung in die Marktwirtschaft zu integrieren, auch wenn einige Gruppen wie die Duala in Kamerun flexibel auf die neuen Herausforderungen reagierten und sich mit eigenen Produktions- und Handelsaktivitäten im kolonialen System zu behaupten suchten.

Wirtschaftsformen

Wirtschaft in den deutschen Kolonien war vor allem Landwirtschaft. Bodenschätze wurden in Ostafrika und Kamerun nicht gefunden, Eisenerzvorkommen in Togo noch nicht systematisch erschlossen. Die Bodenschätze in Teilen der pazifischen Inselwelt waren noch weitgehend unbekannt, nur Kupfer- und Phosphatvorkommen wurden hier genutzt. Allein in Südwestafrika gab es größere und viel versprechende Erzvorkommen: Kupfer-, Blei- und Zinnerze sowie Goldfunde ließen einen gewissen Ertrag erwarten, zumal seit 1906 eine Bahnlinie Swakopmund an der mittleren Küste mit der Otavi-Kupfermine im Norden verband. Im April 1908 wurden in der Nähe von Lüderitzbucht im Süden Diamanten gefunden. Binnen kurzem stieg die Produktion von 38 275 Karat im Jahr 1908 auf rund 1,5 Millionen Karat 1913. Die Deutsche Kolonialgesellschaft für Südwestafrika, deren Ländereien bislang als wenig wertvoll gegolten hatten, konnte jetzt enorme Dividenden ausschütten: 1909/10 zahlte sie 64 Prozent Dividende, 1912/13 immer noch 40 Prozent (Drechsler, 1996, S. 277–283). Aber das Diamantengeschäft blieb die Ausnahme.

Im Mittelpunkt der Kolonialwirtschaft standen landwirtschaftliche Produkte, die auf den europäischen Markt gebracht werden sollten. Die früh in den Kolonien aktiven Handelshäuser wie Woermann und Hansemann hatten Erfahrung in der Nutzung der vorgefundenen Marktstrukturen. Namentlich die Küstengesellschaften produzierten bereits vor der kolonialen Eroberung für den Markt, meist handelte es sich um Kleinproduzenten. Zu den teils für den Binnenhandel, teils aber auch schon für den Export produzierten Gütern der vor- und frühkolonialen Zeit zählten etwa in Ostafrika Kautschuk, Kaffee, Früchte von Öl- und Kokospalme, Sesam, Erdnüsse und Datteln, in Südwestafrika Häute und Felle, in Kamerun Elfenbein, Felle, Kautschuk, Ölfrüchte, Palmkerne, Kakao, Zuckerrohr, Pfeffer und Tabak, in Togo unter anderem Baumwolle, in den pazifischen Kolonien Kokosprodukte wie Kopra (getrocknete Kokoskerne), Knollenfrüchte, Bananen, Zuckerrohr, Nüsse, Sago und Tabak.

Der größte Teil der in den kolonialen Export involvierten Einheimischen dürfte für den Handel gearbeitet haben: Allein in Kamerun waren um 1910 an der Produktion von Rohkautschuk einige tausend einheimische Händler und bis an die 30 000 Träger beteiligt (Wirz, 1972, S. 32). Der auf der herkömmlichen heimischen Produktion beruhende deutsche Handel blieb bis zum Ende der Kolonialzeit bedeutsam, boten sich hier doch schnelle und berechenbar hohe Gewinne. Für manche Güter wie Holz nahm der Handel zudem massiv zu, gefördert durch die Eisenbahn als Transportmittel einerseits, die steigende Nachfrage in Europa andererseits. Mit dem Handel in Konkurrenz standen die neuen Plantagen, die indes allenfalls auf lange Sicht Gewinne versprachen (die Kokospalme zum Beispiel trug erst zehn Jahre nach Anpflanzung Früchte) und daher für Investoren nicht sehr attraktiv waren. Allerdings waren manche Handelsunternehmen vorsorglich auch im Plantagengeschäft aktiv.

Die Kolonialgesellschaften hatten sich für die Anlage von Plantagen in der Regel die besten Böden in den klimatisch günstigsten Zonen gesichert, etwa am Kamerunberg. Die seit der frühen Kolonialzeit angelegten Plantagen zielten auf die Produktion tropischer Güter für den Export vor allem nach Deutschland. De facto führte das zur punktuellen Konzentration der Produktion und zur Förderung von Monokulturen, deren Risiken man erst aufgrund akuter Einbrüche durch natürliche Bedingungen wahrnahm. Neben heimischen Produkten, die zum Teil wie Kautschuk in den Jahren vor dem Weltkrieg vermehrt von extensiver Sammelwirtschaft in intensive Anbauwirtschaft überführt wurden, konnten auch neue Produkte wie Baumwolle in Ostafrika eingeführt werden. Baumwolle machte neben Kakao und Kaffee wohl den größten Anteil der Plantagenprodukte aus, dann folgte die Ölpalme (Palmöl und Palmkerne, die in Europa zu vielseitig nutzbarem Palmkernöl verarbeitet wurden), ferner zunehmend das »schwarze Gold« Kautschuk (massiv steigende Nachfrage der Elektro-, Fahrrad- und Automobilindustrie für Isoliermaterial und Reifen), in geringerem Umfang wurden mit je regionalen Schwerpunkten auch Bananen und Tabak angebaut. Die Plantagenwirtschaft spielte vor allem in Kamerun und Ostafrika eine große Rolle, daneben wurden auf den pazifischen Inseln Plantagen betrieben, hier pflanzte man vor allem Kokospalmen an (»König Kopra«; vgl. Hardach, 1990), in nur geringem Maß Baumwolle, Kautschuk, Kakao und Sisal. Wenig bedeutsam waren Plantagen in Togo, ganz unbedeutend in Südwestafrika. In Togo, wo das verfügbare Land begrenzt war, wurden einheimische Produzenten gefördert und zur Umstellung auf koloniale Exportproduktion angeregt. In Südwestafrika erwies sich angesichts karger Böden nur die Viehzucht als rentabel.

Deshalb schien Südwestafrika als Investitions- und Spekulationsobjekt vor der Nutzung der Bodenschätze und namentlich den Diamantenfunden wenig interessant. Dafür wuchs die Zahl der Siedler seit den frühen 1890er Jahren. Um 1895 dürften bereits über 1500 Deutsche im Land gelebt haben, 1901 waren es gut 2200, 1912 über 12 000 Deutsche. Hinzu kamen 1000 bis 2000 andere europäischstämmige Siedler, darunter aus Südafrika zugewanderte Buren. Die Siedler bildeten eine sehr heterogene Gemeinschaft. Den Kern stellten die aus Deutschland oder Südafrika zugewanderten Landwirte, hinzu kamen Abenteurer, ehemalige Offiziere und Soldaten sowie Handwerker und Arbeiter, die durch den Eisenbahnbau ins Land gelangt waren. Es waren oft wenig vermögende und auch landwirtschaftlich unerfahrene Personen, die sich eine neue Existenz aufbauen wollten. Daraus entwickelte sich, vergleichbar der Burenkultur im britischen Südafrika, eine auch gegenüber Reich und Kolonialverwaltung distanzierte Frontiergemeinschaft. Mit den einheimischen Viehzüchtern, an erster Stelle den Herero, stand sie in Konkurrenz um Land und Vieh. Die verheerende Rinderpest von 1896/97 führte zum Niedergang der Herero-Herden, die deutschen Farmer dagegen konnten dank rechtzeitiger Impfung einen Großteil ihres Viehbestands retten. Die an den Rand ihrer Existenz gebrachten Herero verschuldeten sich immer stärker, durch immer weitere Landverkäufe entzogen sie sich selbst die Grundlage und stabilisierten die Siedlerfarmen, auf denen sie nun als Lohnarbeiter ihren Lebensunterhalt verdienen mussten. Die deutsche Landpolitik, die den Siedlern 75 Prozent des Landes vorbehielt, tat ihr Übriges. Bis 1903 war allerdings erst ein Zehntel davon durch Siedler übernommen worden. Für die Ausfuhr spielte die Viehzucht ohnehin keine bedeutsame Rolle: Der Wert der landwirtschaftlichen, das heißt tierischen Exportprodukte Südwestafrikas (Häute, Felle, Straußenfedern, Wolle) machte 1911 nur gut 1,5 Prozent der von Diamanten getragenen Gesamtausfuhr Südwestafrikas aus und entsprach gerade einmal 2,5 Prozent der gesamten Agrarausfuhr Ostafrikas.

Eine Alternative zur deutschen Plantagenproduktion und Siedlerfarmwirtschaft war der Anbau von Cash Crops (Feldfrüchten für den Markt) durch heimische Produzenten. Lokale Ansätze dazu gab es bereits vor der Kolonialzeit, so in Kamerun. In der Kolonialzeit nahm die Cash-Crop-Produktion einen leichten Aufschwung. Daran waren einheimische Bauern beteiligt, die sich am Markt orientierten und zum Beispiel auf Kakaoanbau umstellten. Auch größere Pflanzungen und Plantagen wurden von Einheimischen in Togo, in Kamerun und im Pazifik betrieben, aber das blieben Ausnahmen. Bis zum Anfang des 20. Jahrhunderts lag die Förderung heimischer Produzenten ohnehin nicht im Interesse der Kolonialherren, da man das Feld den Kolonialgesellschaften überlassen wollte. Die Reservatpolitik drängte die Einheimischen von den fruchtbaren Ländereien ab, ihre dort gelegenen Pflanzungen mussten sie gegen unzureichende Entschädigung abgeben. Diese Politik blieb nicht ohne Kritik, besonders nach den großen Aufständen von 1904. Im Grunde ging es um die Alternative Proletarisierung oder Verbäuerlichung der einheimischen Bevölkerung. Vertreter der einen Seite wie der langjährige Kameruner Gouverneur Jesco von Puttkamer, viele weitere Kolonialbeamte und die Plantagenbetreiber setzten ganz auf eine großkapitalistische Entwicklung, wo europäisches Kapital rationell eingesetzt werden könne. Kleine Pflanzungen, etwa die Kakaopflanzungen in Kamerun, störten da, sie galten gar als Krankheitsherde, die ganz untersagt werden müssten. Die Afrikaner seien zu vernünftiger Landwirtschaft nicht zu gebrauchen und nur als Arbeiter unter strikter Disziplin einem wirtschaftlichen Aufschwung nutzbar zu machen. Vertreter der anderen Seite wie Missionsangehörige, Handelskaufleute und manche Kolonialfachbeamte beklagten die wirtschaftlichen und sozialen Folgen dieser Politik: Die Plantagenarbeiter, zumal wenn sie in Naturalien entlohnt würden, kämen als Kunden für europäische Exporte nicht in Frage. Die Missionen sahen mit der Entwurzelung durch die Land- und Plantagenpolitik eine unheilvolle Entwicklung im Gang, die zur Zerstörung von Selbständigkeit, Kultur und Gemeinsinn unter den Einheimischen führe. Alle gemeinsam dachten also an kleinbäuerliche, quasi schollengebundene Existenzen, die marktorientiert wirtschafteten und dabei zugleich in ihrer Gemeinschaft verwurzelt blieben, die eher als Proletarier auch für christliche Gesinnung und Obrigkeitstreue zu gewinnen wären. Diese Sichtweise war auch ein Reflex zivilisationskritischer Stimmen in Deutschland; in den Kolonien wollte man gerade jene Proletarisierung verhindern, die zu Hause zur gesellschaftlichen Polarisierung und zum Aufstieg der Sozialdemokratie geführt hatte. So begann die Kolonialverwaltung nach der Jahrhundertwende, heimische Kleinproduzenten zu fördern, etwa durch Anleitung oder die Vergabe von Saatgut. Doch blieb diese

Politik umstritten und wurde auch nicht konsequent betrieben. Bis 1914 gelang es nicht, eine stabile bäuerliche Mittelschicht zu etablieren.

Entwicklungspolitik und wirtschaftliche Bilanz

Die Kolonialverwaltung konnte mit der Entwicklung der Wirtschaftssektoren und -formen nicht zufrieden sein. Immer wieder versuchte sie steuernd einzugreifen. Vor allem zwei Aspekte waren bedeutsam: die Förderung der Landwirtschaft und die Verbesserung der Infrastruktur. Der Landwirtschaft sollten Versuchs- und Lehrplantagen dienen, ferner unterschiedliche Formen von Landwirtschaftsschulen. Hier sollten die einheimischen Schüler über Bewässerungsmethoden, Düngung, Formen der Bodenbearbeitung, Pflanzenzüchtung und Schädlingsbekämpfung unterrichtet werden. Hinzu kamen landwirtschaftliche Forschungsstationen wie etwa das 1902 in Usambara (Ostafrika) gegründete landwirtschaftlich-biologische Institut oder die Versuchsanstalt für Landeskultur in Victoria (Kamerun). Auf Versuchsstationen experimentierte man mit fremden Nutzpflanzen und Kreuzungen. Generell wurde die Fachverwaltung für Landwirtschaft und Forsten in den letzten Jahren vor dem Krieg weiter ausgebaut. Auch die Missionen sollten motiviert werden, sich an Ausbildungsmaßnahmen zu beteiligen und den Aufbau beispielsweise von einheimischen Ackerbaukulturen zu befördern. Die Initiativen blieben allerdings punktuell und in der Form auch nicht unumstritten. Weder eine Schicht ländlicher Facharbeiter noch ein kleinbäuerlicher Mittelstand konnte dadurch herangezogen werden. Die größten Entwicklungsschübe zeigten sich, zumindest lassen Beispiele wie die Duala in Kamerun diese Schlussfolgerung zu, dort, wo heimische Gesellschaften die neuen Möglichkeiten von Cash-Crop-Produktion und Handel in eigener Initiative nutzten.

Der Ausbau der Verkehrswege war die zweite wesentliche Aufgabe. In weiten Teilen der afrikanischen Kolonien (außer Südwestafrika) konnten Transporttiere wie Ochsen wegen der Tsetsefliege nicht eingesetzt werden, hier blieb der Transport auf Träger angewiesen. Deren Belastbarkeit war begrenzt, große Güter wie Maschinen mussten vor dem Transport zerlegt werden. Ganze Dampfer schaffte man auf diese Weise zu den ostafrikanischen Binnenseen. Zur Eisenbahn gab es insofern keine Alternative. Trotzdem wurde der Bau zunächst nur punktuell und nicht systematisch betrieben; Eisenbahnprojekte waren aufwendig, zumal alles Material per Schiff aus Europa herangebracht werden musste, ständig Arbeitskräftemangel herrschte und das teilweise extrem unwegsame Gelände nur schwer zu überwinden war. Private Investoren hielten sich zurück, auch die deutschen Banken waren anfangs nicht interessiert und wollten kein Risiko tragen. Allerdings stieg nach der Jahrhundertwende die Einsicht, dass die Eisenbahn nicht nur für den Transport von Gütern, sondern auch für die marktmäßige Öffnung des Hinterlandes von Vorteil sei. Eisenbahnlinien erreichten nun vorher von der Küste abgeschottete fruchtbare Regionen und zogen Plantagen nach sich. Kurzfristig waren die ökonomischen Folgen des Eisenbahnbaus aber ambivalent, benötigte man dafür doch Tausende von Arbeitern, die dann wieder den Plantagen fehlten. Insgesamt kam der Bau erst spät in Gang, und die Finanzierung blieb problematisch. Die Bahnen wurden durch Reichsdarlehen, Reichszuschüsse, die Kolonialgesellschaften selbst oder – vor allem in der Spätzeit – durch Anleihen finanziert. In Ostafrika machte eine Tochtergesellschaft der Deutsch-Ostafrikanischen Gesellschaft 1893 den Anfang, doch brauchte man fast drei Jahre, bis die ersten vierzig Kilometer freigegeben werden konnten. Die Gesellschaft geriet in finanzielle

Schwierigkeiten, 1899 wurde die Linie vom Staat übernommen, und erst 1902 wurde das nächste Teilstück eröffnet. In Südwestafrika waren die ersten 20 Kilometer 1897 fertig, nach den Aufständen wurde der Bahnbau erheblich beschleunigt, auch weil man strategische Vorteile des schnellen Truppentransports anführte; hinzu kam hier der Abtransport von Kupfer durch die Otavibahn. In Togo (1905) und Kamerun (1909) folgten erste Teilstrecken noch später. Eine systematische Erschließung der Kolonien gelang nicht mehr, auch hier lag das Entwicklungspotential eher in der ungeplanten Nutzung: Die Eisenbahnlinien wurden wie in Ostafrika in hergebrachte Karawanenwege integriert und erleichterten heimischen Händlern die Teilnahme am kolonialen Handel.

Die Vorgehensweise der deutschen Kolonialadministration kann man frühestens seit dem späten 19. Jahrhundert mit Kategorien von Entwicklungspolitik messen. Die Reaktion auf die Aufstände von 1904/05 spielte dabei eine Rolle, doch darf die Zäsur nicht überschätzt werden, Diskussionen und Reformen waren schon zuvor eingeleitet worden, etwa durch das so genannte Kolonialwirtschaftliche Komitee in Deutschland, das betont ohne eigene kommerzielle Interessen den Handel mit den Kolonien fördern wollte. Neu war nach den Aufständen allerdings die Forcierung des Tempos und die programmatische Vorgehensweise, die sich auch in der nicht einfachen Suche nach einem Wirtschaftsfachmann als Leiter der Kolonialabteilung ausdrückte. Eine rationelle Kolonialpolitik sollte die Inwertsetzung der Kolonien nunmehr systematisch vorantreiben. Wirkungen waren festzustellen, doch durchgreifend war dies noch nicht. Denn bis 1914 änderte sich die Struktur des Handels und namentlich des Außenhandels nicht grundlegend. Zwar wurden qua Handel und Eisenbahn immer weitere Binnenzonen in den Export und damit in die globalen Marktbeziehungen eingeschlossen. Auch wurde mit der kleinbäuerlichen Produktion von

Cash Crops eine neue Produktionsform stärker gefördert. Zudem wuchs der Außenhandel. Aber nach wie vor dominierten traditionelle Produktionsweisen und hergebrachte Güter, die als Rohprodukte nach Europa verschifft wurden. Es handelte sich zudem zum größten Teil um Güter, die schon vor und unabhängig von der Kolonialherrschaft in Europa nachgefragt wurden, zumeist auch um Produkte, für welche die heimische Sammelwirtschaft nicht einmal verändert werden musste. Überdies hatten fast alle Kolonien bis zum Schluss eine passive Handelsbilanz aufzuweisen; die Einfuhr überstieg bei weitem die Ausfuhr: in Südwestafrika um mehr als 60 Prozent, trotz der Diamantenfunde, die den Wert der Ausfuhr von 1908 bis 1911 vervierfachten; in Kamerun um ein Drittel; in Ostafrika um über 100 Prozent; in Kiautschou um rund 20 Prozent. Nur Togo näherte sich einer ausgeglichenen Handelsbilanz an, und lediglich in einigen Pazifikgebieten (Marshallinseln und Samoa) überstieg die Ausfuhr die Einfuhr (Kuhn, 1913, S. 11–36). Die Einfuhr bestand aus Konsum- und Investitionsgütern. Ein Teil davon diente der Versorgung der Deutschen in der Kolonie mit Waren des täglichen Bedarfs, bis hin zu Lebensmitteln; ein weiterer Teil diente der Bezahlung der für den Export anzukaufenden Güter, darunter waren Textil- und Metallwaren, Alkohol und Waffen, die beiden Letzteren mit rückläufiger Tendenz; ein anderer Teil diente schließlich dem Ausbau der Infrastruktur, etwa der Hafenanlagen und Eisenbahnen. Die Struktur der Einfuhr war insofern durch die koloniale Herrschaft bedingt, auf die Entstehung eines dauerhaften kaufkräftigen Marktes in Übersee deutete sie nicht.

Hinzu kam, dass die Kolonien nicht nur nicht die erhofften Gewinne abwarfen, sondern sich fast durchweg auch nicht selbst trugen. Das Deutsche Reich musste regelmäßig mit hohen Zuschüssen eingreifen. Allein aus eigenen Einnahmen konnten sich nur die Administrationen in Togo und Samoa in den letzten fünf Jahren vor Kriegsausbruch finanzieren. In den übrigen Überseegebieten war dies dagegen nicht abzusehen. Hier waren die Reichszuschüsse vor der Jahrhundertwende (wie auch in Togo und Samoa) noch gestiegen, dann leicht gefallen und hatten sich schließlich im letzten Jahrfünft stabil gehalten. In Ostafrika lagen sie 1912 bei 3,6 Millionen Mark (gegenüber 15,7 Millionen Mark an eigenen Einnahmen), in Kamerun bei 2,3 Millionen Mark (7,2 Millionen Mark eigene Einnahmen), im ökonomisch unrentablen Kiautschou sogar bei 8,2 Millionen Mark (6,3 Millionen Mark eigene Einnahmen). In Südwestafrika musste die Niederschlagung der Aufstände von 1904 vollständig aus Reichsmitteln getragen werden. Der Zuschuss schnellte 1905 auf 122,3 Millionen Mark hoch (1900: 7,2; 1908: 38,0; 1909: 17,1). Ohne die teuren Sonderfälle Kiautschou und Südwestafrika hatte das Reich bis 1912 insgesamt 168,7 Millionen Mark in die Verwaltung der einzelnen Kolonien gesteckt, gegenüber knapp 200 Millionen Mark an eigenen Einnahmen der Kolonien. Immerhin waren von 1908 bis 1912 die eigenen Einnahmen von 21,4 Millionen auf 57,1 Millionen gestiegen, die erforderlichen Zuschüsse von 56,7 auf 29,3 Millionen gesunken (Kuhn, 1913, S. 206–209).

Auch im Blick auf die volkswirtschaftliche Gesamtbilanz des Deutschen Reichs war der Befund ernüchternd. Entgegen allen Versprechungen machten die Kolonien nur einen vernachlässigbaren Anteil am deutschen Außenhandel aus. Betrug dessen Volumen 1914 insgesamt rund 18 Milliarden Mark, so lag der deutsche Handelsverkehr mit den Kolonien im selben Jahr bei wohl rund 435,4 Millionen Mark (nach anderen Schätzungen sogar noch weit darunter), also bei nicht einmal 2,5 Prozent des deutschen Außenhandels. Die Einfuhr des Reichs aus den Kolonien lag in der Regel unter 0,5 Prozent der Gesamteinfuhr, der Rohstoffbedarf des Reichs konnte damit nicht gedeckt, die Abhängigkeit der deutschen Wirtschaft vom Ausland nicht gemindert werden. Der Anteil der Ausfuhr in die

Kolonien an der Gesamtausfuhr des Reichs betrug von 1900 bis 1913 regelmäßig weit weniger als 1 Prozent. Umgekehrt bezogen die Kolonien nur einen Teil ihrer Einfuhren aus dem Reich (1900: 42,8 Prozent; 1913: 34,7 Prozent), wichtiger war der Import aus Nachbarkolonien oder anderen Staaten (Schinzinger, 1984, S. 120 f., 126 f.). Auch wenn sich die Kolonien zu veritablen Absatzmärkten entwickelt hätten, wäre das also nur zum Teil dem Reich zugute gekommen. Man schien auch gar nicht auf eine Privilegierung des Kolonialhandels bedacht. Die eigenen Kolonien wurden vom Reich zollpolitisch ebenso behandelt wie die Kolonien anderer Mächte, sie galten in dieser Hinsicht als Ausland, und die einzelnen Kolonien wiederum schotteten sich – auch gegenseitig – durch Zölle ab. Das sollte primär der Verbesserung der Einnahmen dienen, blockierte aber die wirtschaftliche Integration des Kolonialreichs. Auch die Auslandsinvestitionen des Deutschen Reichs, im Jahr 1914 rund 23,5 Millionen Mark, gingen nur zu einem Bruchteil in die Kolonien: Auf Europa entfielen 37,8 Prozent, auf die USA und Kanada 15,7, auf Lateinamerika 16,2, auf Russland und das Osmanische Reich je 7,7, auf Afrika und Asien ohne die deutschen Kolonien 10,7 und auf die deutschen Kolonien gerade einmal 2,1 Prozent. Kurz: Die koloniale Bilanz von 1914 entsprach in keiner Weise den von der kolonialen Agitation von 1884 geschürten Erwartungen. Die Kolonien waren für die Reichskasse ein Verlustgeschäft. Selbst für private Anleger war der Gewinn unsicher. Am ehesten profitierte der Handel. Deutsche Investoren dagegen hielten sich nicht ohne Grund zurück. Die Landgesellschaften warfen, sieht man von anfänglichen Spekulationsgewinnen ab, auf die Dauer keineswegs die erhofften Erträge ab. Plantagen waren kurzfristig nicht rentabel zu betreiben. Zwar ist vermutet worden, dass die Kolonien durchaus konjunkturell belebende Wirkung auch für die deutsche Volkswirtschaft hatten (Schinzinger, 1984, S. 166). Doch wie bedeutsam diese war und wie groß trotz allem die privaten und volkswirtschaftlichen Gewinne ausfielen, ist exakt nicht zu messen. Und die Frage schließlich, wie zukunftsfähig die kolonialen Märkte gewesen wären, ist schon angesichts der kurzen Dauer des deutschen Kolonialreichs nicht mehr seriös zu beantworten.

6
Missionen, Bildung und Sozialpolitik

Missionen

Auch die Missionen waren Wirtschaftsfaktoren, sie wurden in den Kolonien selbst wirtschaftlich tätig. Primäres Ziel war und blieb aber die Verbreitung des Christentums. Die Anfänge der modernen Mission auch in den Gebieten der späteren deutschen Kolonien gehen auf das erste Drittel des 19. Jahrhunderts zurück, als eine neue Missionsbewegung einsetzte. Sie betraf zunächst den protestantischen Bereich und war von Neupietismus und Erweckungsbewegung geprägt. Innere Läuterung und gesellschaftliches Engagement gingen zusammen, in der Verbreitung des Christentums sollte sich beides verbinden. In diesem Geist entstanden in den 1820er Jahren die ersten deutschen Missionen, so die Berliner, die Rheinische, die Norddeutsche und die Leipziger Mission. Daneben traten neue katholische Missionen, dies allerdings vorerst weniger in Deutschland als in Frankreich, wo sich auch deutsche Missionare engagierten. Hinter dem Aufschwung des katholischen Missionswesens stand eine neue Volksfrömmigkeit, die einerseits Halt angesichts der sozialen Verwerfungen der industriellen Modernisierung suchte, andererseits dem säkularisierten Staat, zumal seiner im Kulturkampf kulminierenden Tendenz zur Zurückdrängung der Kirche, ein Gegengewicht bieten wollte. Vor diesem Hintergrund fand die Missionsbewegung beider Konfessionen Zulauf aus kleinbürgerlichen Schichten, die in der Missionstätigkeit auch eine Chance zu sozialer Emanzipation und im Einzelfall sogar zum gesellschaftlichen Aufstieg sehen konnten. Das prägte Vorstellungen und Tätigkeit der Missionare in Übersee, die skeptisch gegenüber

Moderne, Liberalismus und Großstadt eingestellt waren und bäuerlich-handwerkliche Ideale vertraten, Werte wie Familie und Dorfgemeinschaft schützen und Tugenden wie Ordnung, Fleiß und Disziplin vermitteln wollten. So hielt man zwar an der Entwicklungsfähigkeit der Einheimischen fest, wollte sie aber durch Missionierung und Schule keineswegs an die europäische Zivilisation heranführen, sondern sie davor gerade bewahren.

In dieser Ideenwelt konnte der Handel dazu beitragen, überseeische Regionen zu öffnen und Wege zur Verbreitung des Christentums zu bahnen. Tatsächlich vertraten Handel und Mission noch in der Kolonialzeit ähnliche kleinbürgerliche Zielvorstellungen, wenn sie die Plantagenwirtschaft kritisierten und auf die Förderung kleiner selbständiger Existenzen setzten, die, im Christentum verwurzelt, verantwortungsvoll für ihre Familien sorgten, daher beständig ihrem Ackerbau nachgingen und über Markt und Mission in den Austausch mit Europa eingeschlossen waren. Handel und Mission konnten so über weite Strecken für Freihandel eintreten – und für einen informellen Imperialismus, der Kolonien im Prinzip nicht brauchte. Auf die Dauer war diese Position nicht durchzuhalten. Das zeigte sich schon im Vorfeld der Kolonisation, etwa bei der Rheinischen Missionsgesellschaft in Barmen. 1828 gegründet, hatte sie 1842 erste Missionare ins südwestafrikanische Nama-Gebiet und 1843 ins Herero-Land entsendet. Bis zum Ende der 1870er Jahre weitete sie ihre Tätigkeit in Südwestafrika durch den Aufbau eines Netzes von Stationen aus. Die zunehmenden kriegerischen Konflikte in der Region bedrohten allerdings Missionsstationen und legten europäischen Schutz nahe. 1868 wandte sich die Rheinische Mission dabei auch an Großbritannien, erst später an das Reich. Jetzt half die Mission bei der Vorbereitung der Schutzverträge. Namentlich der Missionsinspektor Friedrich Fabri propagierte die Errichtung einer Kolonie. Freilich vertrat Fabri in den frühen

1880er Jahren nicht die Mehrheitsmeinung der Mission; er selbst legte sein Amt 1884 nieder.

Die Missionare waren nicht frei von der Stimmung im Mutterland, sie wurden von den nationalen, wirtschaftspolitischen und gesellschaftlichen Debatten beeinflusst, welche die Öffentlichkeit des Reichs beschäftigten. Daraus ergab sich nach dem Erwerb der deutschen Kolonien ein komplexes Beziehungsgefüge, das weder als Kollaboration noch als Opposition hinreichend zu erklären ist. Zum Ersten war die Gemeinschaft der Missionare selbst vielfältig gegliedert, immer wieder gab es erhebliche Meinungsverschiedenheiten. Zum Zweiten hatten die Missionen mannigfache Aufgaben wahrzunehmen, das konnte im einen Fall Distanz zur kolonialen Verwaltung, im anderen Kooperation bedingen. Zum Dritten wandelten sich Situation und Herausforderungen in den Kolonien, und mit ihnen auch das Beziehungsgeflecht und die Interessenlage der Missionen. So standen die Missionare in einem Dreiecksverhältnis mit Kolonialverwaltung und einheimischer Bevölkerung, wobei die drei Parteien jeweils noch in sich differenziert waren; in Südwestafrika kamen überdies die Siedler hinzu. Die Missionen arbeiteten dabei nicht in einem abgesonderten Sektor, sondern waren sozial, manchmal familiär, jedenfalls in ihrer Tätigkeit mit den anderen Gruppen vernetzt. Zu Kollisionen konnte es schon bei der wirtschaftlichen Betätigung kommen. Für die Missionen hatte sie einen doppelten Zweck: Zum einen sollte sie der Selbstversorgung dienen. Dieses Ziel konnte sich verselbständigen und manche kommerziell geschickte Missionen zu Konkurrenten der anderen Europäer am Ort machen. Auf den Pazifikinseln waren die Hiltruper und die Steyler Mission mit Kopra-Plantagen, Viehfarmen und Werkstätten fast erfolgreicher als die profanen Gesellschaften. In Südwestafrika gehörten 1913 die Rheinische Mission mit 140 622 Hektar Land und die katholische Mission mit 135 472 Hektar zu den größten

Grundeigentümern, in Ostafrika verfügten die Missionen 1904 mit 22 500 Hektar über ein Viertel des privaten Plantagenlandes (Gründer, 1992, S. 334). Zum anderen wollte man Landwirtschaftsbetriebe als Mustergüter nutzen, um der einheimischen Bevölkerung die Methoden moderner Landwirtschaft nahe zu bringen, sie gleichzeitig über regelmäßige disziplinierte Arbeit an eine christliche Lebensweise heranzuführen und sie überdies aus ihren bisherigen heidnischen sozialen Bezügen zu lösen. Die Folgen beider missionswirtschaftlicher Zwecke waren mehr als ambivalent: Auch die Missionen waren an der Verdrängung einheimischer Grundnutzer beteiligt, so in Südwestafrika, sie finanzierten ihre Landkäufe ebenfalls durch überhöhte Zinsen für Pachtland, das sie an Einheimische ausgaben, und sie trugen auf ihren Plantagen dazu bei, kapitalistische Methoden und Lohnarbeit durchzusetzen.

Insofern waren die Missionen Teil des kolonialen Herrschaftsapparats. Doch waren sie nicht bloß ausführendes Organ deutscher Herrschaft, sie verfolgten eigene Interessen, bei denen sie sich auch – zum Teil im Einklang mit Einheimischen – gegen die Kolonialverwaltung stellen konnten, so in Fragen von Alkoholhandel, Zwangsarbeit oder Prügelstrafe. Die verworrene Interessenlage offenbart sich im Fall Südwestafrika, wo die Rheinische Missionsgesellschaft, getragen von christlicher Selbstgewissheit und christlichem Sendungsbewusstsein, Missionierung zunächst unter den Nama im Süden, dann unter den Ovambo an der Nordgrenze und schließlich unter den Herero im mittleren und nördlichen Raum betrieb. Auf die Vielgestaltigkeit der Kulturen nahm sie dabei fast weniger Rücksicht als Leutwein. Vielmehr protegierte sie christianisierte Herrscher, verfolgte diese aber auch, wenn sie sich wie der Nama-Führer Jonker Afrikaner vom Christentum abkehrten, und suchte schließlich die Rivalitäten zwischen Herero, Nama und Ovambo auszunutzen. An der Nötigung der Herero zur Aufgabe des Nomadenlebens und zur Niederlassung waren Missionare ebenso beteiligt wie am Aufkauf des Herero-Landes. Widerstände wehrten sie teilweise auch mit Gewalt ab. Die Kolonialverwaltung wurde von der Mission freilich ebenso attackiert, wenn sie eigenen Zielen nicht entgegenkam. Die Schutztruppe bezeichneten die Missionare anfangs wegen Misshandlungen von Afrikanern und moralischem Verfall auch als »Schmutztruppe« (zit. nach: Oermann, 1999, S. 69). Sie befürworteten dann aber Leutweins Politik, weil sie Frieden und Stabilität zu garantieren schien; umgekehrt bemühte sich Leutwein um die Unterstützung der Mission. Aus Sicht der Siedler dagegen gingen die Missionen zu nachsichtig mit den Afrikanern um, sie brächten ihnen nur Singen und Beten, aber nicht Arbeiten bei. Beim Ausbruch der Aufstände wuchs die Kritik, zumal in der nationalistischen deutschen Presse: Die Missionen seien zu wohlwollend mit den Afrikanern verfahren und daher letztlich für den Aufstand verantwortlich, sie hätten ihn sogar gestützt. Das war sicher unzutreffend. Die Missionen hatten selbst von der Rinderpest durch Landaufkauf profitiert und damit Bedingungen des Aufstands geschaffen. Nach dem Aufstand rückte die Mission an die Verwaltung heran. So richtete sie mit staatlicher Finanzunterstützung vier Auffanglager für die Rückführung geflüchteter Herero ein. In der Folgezeit wurden Missionare enger in die Verwaltung eingebunden, manche übernahmen Ämter als Richter, Dolmetscher, wurden Mitglied im Landesrat oder Eingeborenenkommissar. Immer mehr kooperierte die Mission mit dem Staat, erhielt dadurch aber auch Einfluss auf die Politik gegenüber der einheimischen Bevölkerung.

Im Dreiecksverhältnis von Kolonialstaat, Mission und einheimischer Bevölkerung kam der Mission zeitweise eine Schlüsselrolle zu. Angesichts des Zusammenbruchs ihrer Sozialformen suchte die unterworfene Bevölkerung in neuer Religiosität nach kulturellem Halt. Schon beim

Nama-Aufstand in Südwestafrika und beim Maji-Maji-Aufstand in Ostafrika spielten Erlösungsprediger eine mobilisierende Rolle. Nach den Aufständen fanden nicht nur neue Sekten regen Zulauf, vielmehr ließen sich in Südwestafrika überlebende Afrikaner zu Tausenden in der Rheinischen Mission taufen. Zugleich expandierte die Missionstätigkeit weiter, und auch die in Südwestafrika bislang marginale katholische Mission erhielt bessere Arbeitsmöglichkeiten. Insgesamt kamen die protestantischen Missionen auf 111, die katholischen auf 225 Hauptstationen, zu denen noch ein Vielfaches an Nebenstationen kam. 1912/13 zählten die protestantischen Missionen 63 633 getaufte Christen in den deutschen Kolonien, davon fast 8000 in Togo, über 15 000 in Kamerun und fast 24 000 in Südwestafrika. Die katholischen Missionen kamen auf insgesamt 142 223 Getaufte, davon knapp 15 000 in Togo, gut 21 000 in Kamerun, über 61 000 in Ostafrika und über 42 000 in den Pazifikterritorien, wo die protestantische Mission auf Neuguinea beschränkt war (Jacob, 1938, S. 205 f.). Wie viele davon traditionalen religiösen Lebensformen und Sitten wirklich abgeschworen hatten, war eine andere Frage. In der Praxis nahmen Missionare nicht selten Lebensweisen wie die Polygynie hin, die sie im Prinzip verwerfen mussten, die sie indes schon aus sozioökonomischen Gründen kaum effektiv bekämpfen konnten. Kompromisslos ablehnend dagegen verhielten sich die Missionen gegenüber dem Islam, der als starke und homogene Konkurrenz im ostafrikanischen Raum zur besonderen Herausforderung wurde. Hier tolerierten die Verwaltungsbeamten dagegen nicht nur islamische Sitten, um Ordnung und Ruhe zu bewahren, sondern stützten gegen den Widerspruch der Missionen auch islamische Jumben und Akiden, weil nur diese bei der einheimischen Bevölkerung legitimiert und akzeptiert waren und daher Ruhe und Ordnung garantieren konnten. Die Bilanz war insofern vieldeutig: Die Missionen trugen zur Öffnung neuer Territorien bei, trieben die Durchdringung und Europäisierung indigener Gesellschaften voran und beförderten die Disziplinierung der einheimischen Arbeitskräfte. Zugleich federten sie mit paternalistischer Fürsorge die Härten der Kolonialherrschaft ab. Dabei kollidierten sie mit der Kolonialverwaltung, wenn es um den Primat der Religion ging.

Bildung und Schule

Das zeigt sich am Schulwesen, das bis zum Ende der Kolonialherrschaft ein wichtiger Zweig der missionarischen Tätigkeit und zugleich ein Feld beständiger Reibungen mit der Verwaltung war. Anfangs ging der Staat zwar davon aus, dass man erforderliche Bildungsanstalten den Missionen überlassen könne. In der Realität führte das aber schnell zu Problemen. Zum Ersten waren noch nicht überall Missionen aktiv, so in Togo, zum Zweiten wurden sie gelegentlich für inkompetent erachtet, so in Kamerun, und zum Dritten sah man es in islamischen Gebieten nicht als sinnvoll an, durch christliche Missionsschulen Konflikte zu provozieren. Daher wurden 1887 in Kamerun, 1891 in Togo und 1892 in Ostafrika staatliche Schulen eröffnet. In Südwestafrika hielt die Regierung eine staatliche Schule nicht für erforderlich. Es war umstritten, welche Art von Bildung man der Kolonialbevölkerung vermitteln sollte. Die Gefahren, die der Kolonialherrschaft von einer durch Bildung selbstbewusst gewordenen Bevölkerung drohten, sprach man früh an. Eine allgemeine Schulpflicht wurde deshalb nie eingeführt, zugleich blieb das Schulwesen für die europäischen Kinder abgesondert. So beschränkte sich der Staat zunächst auf wenige Anstalten für Einheimische, so genannte Regierungsschulen, zu denen Neben- und Stationsschulen kamen, in denen auch einheimische Hilfslehrer Unterricht erteilten. Zu den Regierungsschulen zählten einerseits Elementarschulen, andererseits weiterführende Schulen, vor allem Fachschulen wie Handwerker- und Ackerbauschulen. Eigentliche höhere Schulen oder gar Hochschulen für Einheimische waren nicht vorgesehen, eine Ausnahme stellte nur die 1908 eröffnete Deutsch-Chinesische Hochschule in Tsingtau dar.

Während sich das Regierungsschulwesen nur langsam entwickelte, expandierte das Missionsschulwesen schnell. Es ging darum, christliche Gesinnung unter Heranwachsenden zu verbreiten und diese den religiösen Einflüssen ihrer Herkunftskultur zu entziehen, einheimische Helfer für die Christianisierung heranzuziehen, europäische Arbeits- und Zeitdisziplin zu vermitteln und schließlich auch landwirtschaftliche und handwerkliche Fachausbildung zu vermitteln, wie es für die Missionsstationen und Missionsbetriebe nützlich war. Bis an die Jahrhundertwende war der Schulbesuch wohl nicht sehr attraktiv, obwohl anfangs meist keine Schulgelder verlangt wurden, vielmehr öfter sogar mit Kostgeld für den Unterrichtsbesuch geworben wurde. Doch mit der administrativen Durchdringung der Territorien und Erfassung der Bevölkerung nahm die Zahl der Schulen rapide zu. An jeder Missionsstation entstanden nun zumindest rudimentäre Elementarschulen, an denen eine drei- bis vierjährige Grundbildung für Jungen wie Mädchen angeboten wurde. Hinzu traten auch auf Seiten der Mission unterschiedliche Fachanstalten, wiederum an erster Stelle Handwerker- und Ackerbauschulen, daneben besondere Einrichtungen wie Mädcheninternate. Seit der Jahrhundertwende stiegen auch die Schülerzahlen, nunmehr konnte teilweise Schulgeld erhoben werden, erkannten doch manche in die Kolonialherrschaft integrierten Gruppen die Aufstiegsmöglichkeiten, die Schulbildung bot. Doch immer wieder klagten die Missionen über unzulänglichen Schulbesuch und drängten die Verwaltung, Druck auf die einheimische Bevölkerung auszuüben. Der Staat wiederum entgegnete, angesichts der Schwerpunktsetzung in Missionsschulen müsse eine zwangsweise Einschulung Konflikte provozieren.

Das betraf zunächst die islamische Bevölkerung in Ostafrika, die sich der Missionierung qua Schule widersetzte. Koranschulen existierten hier noch fort, die Verwaltung glaubte ihnen nur durch laizistische Regierungsschulen, nicht aber durch christlichen Religionsunterricht entgegentreten zu können. Dahinter stand die Kritik der Verwaltungsbeamten an den Missionsschulen. Dabei ging es zum einen um die Lehrpläne, zum anderen um die Sprachenfrage. Einheitliche Regeln für Schulen und Unterricht gab es noch nicht. Die einzelnen Missionsgesellschaften oder sogar Missionsstationen legten – wie die Regierungsschulen – den Unterrichtsstoff fest. So dominierten Fächer, die aus Sicht der Verwaltung wenig nützlich waren. Auf einer Stationsschule der Bremer Mission in Togo umfasste der Wochenstundenplan 1905, berechnet auf die ersten drei Schuljahre, 15 Stunden Religion, 13 Stunden Ewe (die regionale Muttersprache), 12 Stunden Rechnen, 7 Stunden Singen, 5 Stunden Schönschreiben und 4–5 Stunden Deutsch. Selbst auf den Mittelschulen der Missionen behielt der Religionsunterricht eine dominierende Rolle. Eine Regierungsschule in Togo sah dagegen 1900 für die ersten drei Schuljahre insgesamt 33 Wochenstunden Deutsch, 14 Stunden in Rechnen, 2 in Geschichte, 3 in Naturgeschichte, 2 in Geographie, 3 in Singen, 5 in Turnen, 1 in Zeichnen und 2 in Anschauung vor (Adick, 1981, S. 200–206). Einheimische Sprache und Religion fehlten ganz, ebenso wie auf den Regierungsmittelschulen. Missionsschulen, die staatliche Zuschüsse erhielten, mussten den Lehrplan der Regierungsschulen zumindest in Teilen übernehmen. Forderungen der Missionen, Regierungsschulen sollten nicht in Konkurrenz zum Missionsschulwesen treten, wurden von der Verwaltung zurückgewiesen. Akzeptiere man die Schwerpunktsetzung der Missionsschulen, gebe man, so der Gouverneur von Deutsch-Ostafrika im September 1906, »die mit Erfolg begonnenen Versuche, zur Verwaltung des Schutzgebietes intelligente Eingeborene heranzuziehen«, auf (Adick/Mehnert, 2001, S. 92). Bisher sei geeignetes einheimisches Personal ausschließlich aus den Regierungsschulen erwachsen.

Noch mehr Kontroversen löste die Frage der Schulsprache aus. Die Missionen machten die jeweilige Muttersprache nicht nur zum neben Religion wichtigsten Unterrichtsfach, sondern benutzten sie in der Regel auch als Unterrichtssprache, so Ewe in Togo oder Otjiherero und Nama in Südwestafrika. Nicht wenige Missionsschulen führten zudem Englisch im Fächerkanon. Die Kolonialverwaltung setzte sich dagegen für die deutsche Sprache ein, einmal um die Verwaltungssprache zu verbreiten, dann aber auch aus nationalpolitischen und herrrschaftssymbolischen Gründen. Doch aus Sicht der Missionen begrenzte die Benutzung des Deutschen im Unterricht gerade die Reichweite der Schulen und den Kontakt mit breiten Bevölkerungskreisen und behinderte dadurch die Missionierung. Nur im muttersprachlichen Religionsunterricht erreiche man »Herz und Gewissen« der Schüler, meinte Heinrich Vedder von der Rheinischen Mission im November 1907. Zerstöre man die Sprache, so löse man den »Volkszusammenhang« auf und verhindere die Entstehung einer »selbständigen Volkskirche«, die das Ziel der Mission sein müsse (ebd., S. 291 f.). Schlimmer noch, durch den Deutschunterricht entstehe, so monierten die evangelischen Missionen in einer gemeinsamen Eingabe vom Dezember 1904, »eine oberflächliche Scheinbildung«, die »ein Unrecht gegen die Eingeborenen wäre, und zu einer Gefahr für die Kolonien werden könnte, denn man zieht dadurch ein eingebildetes, anspruchvolles und leicht auch unzufriedenes Geschlecht heran« (ebd., S. 269). Eine Ausnahme stellte wiederum Ostafrika dar, wo die pragmatische Kolonialverwaltung sich seit 1906 für Swahili als Unterrichtssprache einsetzte, da es angesichts der Vielfalt der Landessprachen allein als Lingua franca geeignet sei.

Die Nutzung des von der meist islamischen Küstenbevölkerung gesprochenen, vom Arabischen beeinflussten Swahili wollte aber wiederum die Mission nicht akzeptieren, sah sie hier doch ein Einfallstor für die Islamisierung des Binnenlandes. Schließlich setzte die Verwaltung zunehmend einheitliche Richtlinien und Lehrpläne durch, die wie in Togo eine Ausdehnung der Regelschulzeit auf zunächst fünf und am Ende sieben Jahre vorsahen und die Vermittlung der deutschen Sprache vorantrieben.

Aus staatlicher Sicht blieb die Situation dennoch unbefriedigend. Am Ende der Kolonialzeit verzeichnete man 2548 Elementarschulen in den Kolonien (mit 483 weißen und immerhin 3243 einheimischen Lehrkräften) sowie insgesamt 141 916 Elementarschüler, von denen 79 004 evangelische und 57 356 katholische Missionsschulen besuchten; nur 5556 Schüler gingen auf Regierungsschulen. Hinzu kamen 109 Mittelschulen und 53 Fach- und Arbeitsschulen; bei Letzteren erfassten die Regierungsanstalten immerhin ein gutes Drittel der Schüler (ebd., S. 130). Insgesamt besuchten über 95 Prozent der von Schulen erfassten einheimischen Kinder nach wie vor Missionsanstalten, und keineswegs in allen war man in der Lage, Deutschunterricht zu erteilen, in Togo etwa betraf das die Hälfte der Missionsschüler. Auch konnte nur ein Bruchteil der Kinder überhaupt eingeschult werden (in Togo mit 9 Prozent ein hoher Anteil; vgl. Adick, 1977, S. 40); noch weitaus geringer war der Anteil bei den Mittel- und Fortbildungsschulen. In Südwestafrika kritisierten die Siedler weiterhin einen allzu wohlwollenden Umgang mit afrikanischen Schülern und die Vermittlung nutzlosen Wissens, das allenfalls Aufsässigkeit befördere. Religionsunterricht und Sprachenfrage blieben auch in anderen Kolonien für die Gouvernementsverwaltung beständige Probleme. Im Reich wiederum nahm die Kritik an der Konzeptionslosigkeit kolonialer Bildungspolitik zu. Die einen, wie die Sozialdemokraten, forderten Aufwertung und Ausbau der Regierungsschulen als »Musterschulen«, die anderen, wie die Vertreter des Zentrums, beklagten, dass in den Regierungsschulen ein unchristlicher Unterricht erteilt und dem Vordringen des Islam, besonders in Ostafrika, nichts entgegengesetzt werde; nur die Mission verfüge über Erfahrung und Mittel, um hier nachhaltig zu wirken. Bildungsreformer verlangten die Übertragung von Methoden der Arbeitserziehung in die Kolonien. Ein leistungsfähiger Mittelstand sollte herangezogen werden, der nicht nur das Verwaltungspersonal bereitstellen, sondern auch Konjunktur, Kaufkraft und Handel beleben könne. Zu einem neuen Konzept fand die Berliner Schulpolitik indes nicht. Die Regierungsschulen, so wurde verkündet, sollten erhalten werden, die Missionen aber weiterhin die Hauptlast des kolonialen Bildungswesens tragen. Auch die Finanzzuschüsse des Reichs an die Missionsschulen blieben bescheiden. 1910 erhielten die katholischen und protestantischen Missionsschulen in Südwestafrika zusammen nur 7900 Mark Zuschuss, dies aus dem Fonds für die Förderung der deutschen Sprache. Im März 1913 wurde der Zuschuss zwar erhöht, aber um den Preis einer stärkeren Einschränkung der Autonomie der Missionsschulen. Insbesondere sollte der Unterricht künftig vornehmlich in Deutsch abgehalten werden. Damit deutete sich zwar an, dass das Interesse des Reichs an der kolonialen Bildungspolitik gestiegen war. Auch quantitativ konnten die Unterrichtsangebote ausgeweitet werden. Doch in der Substanz war man in der Bildungspolitik am Ende der deutschen Kolonialzeit kaum weitergekommen.

Sozial- und Gesundheitspolitik

Ein ähnlich ambivalentes Verhältnis wie zur Bildungspolitik hatte die deutsche Kolonialverwaltung zur Sozialpolitik. Noch im September 1905 stellte der Gouvernementsrat in Deutsch-Ostafrika fest, dass nicht daran gedacht sei, »schon jetzt den farbigen Trägern und Arbeitern gegenüber Sozialpolitik treiben zu wollen« (zit. nach: Eckart, 1997, S. 312). Freilich war ein Umdenken im Gange, das durch die Aufstände von 1904/05 noch beschleunigt wurde. Die dann eingeleiteten Kolonialreformen sahen eine Rationalisierung und Humanisierung der Kolonialpolitik vor. Zuvor war Sozialpolitik eher ein Gegenstand ständigen Aushandelns zwischen Verwaltung, Plantagenbetreibern, Händlern, gegebenenfalls Siedlern und Missionen gewesen. Eine erhaltende Fürsorge für die heimischen Arbeitskräfte musste im Interesse der Händler liegen, die Träger benötigten, und vor allem der Missionen, die ihre Christianisierungsbemühungen nicht durch eine Verelendung der Einheimischen gefährdet sehen wollten. Die rigorose Disziplinierungspolitik der Plantagenbetreiber, die trotz Arbeitskräftemangels keinerlei Schonung der Lohnarbeiter für nötig hielten, wurde dennoch zunächst kaum eingeschränkt. Erst langsam stieg die Einsicht, dass ein pfleglicher Umgang mit den Arbeitskräften auch im deutschen Interesse lag.

Unabweisbar erforderlich war von Anfang an der Aufbau einer Gesundheitsfürsorge. Dabei ging es zunächst um die Europäer, die wegen der extremen klimatischen Bedingungen einer besonderen medizinischen Versorgung bedurften. Die ersten Ärzte kamen in den 1880er Jahren als Sanitätsoffiziere. Zivile Ärzte folgten wenig später, und in den 1890er Jahren entstanden besondere Medizinalreferate bei der Gouvernementsverwaltung, die von Zivil- oder Truppenärzten geführt wurden. Ihre Tätigkeit beschränkte sich vorerst fast ausschließlich auf die Europäer, die Einheimischen blieben selbst dann noch ausgenommen, als erste Regierungsärzte auch auf binnenländischen Krankenstationen tätig wurden. Im Januar 1901 wurde das Hamburger Institut für Schiffs- und Tropenkrankheiten eröffnet, in dem bereits während der ersten beiden Jahre über 100 Ärzte in Ausbildungskursen mit Tropenmedizin vertraut gemacht wurden. Auch Missionsärzte gingen nach Übersee, wenngleich in nicht sehr großer Zahl und auch sehr spät, bei den katholischen Missionen erst in den letzten Jahren der deutschen Kolonialherrschaft. Sie sollten sich aber von vornherein auch und gerade um die einheimische Bevölkerung kümmern. Bis 1900 blieb die Zahl der akademisch gebildeten Ärzte in den einzelnen Kolonien noch beschränkt, dann stieg sie langsam an. 1914 waren nur 139 Ärzte in den Kolonien tätig, demnach kam, unter Einbeziehung der einheimischen Bevölkerung, ein Arzt auf knapp 100 000 Einwohner. Insgesamt praktizierten von 1884 bis 1914 rund 550 Ärzte in den deutschen Kolonien, darunter aber 339 Militärärzte, so dass für die Zivilbevölkerung nur 211 Ärzte im Einsatz waren, darunter 36 Missionsärzte und rund 30 Ärzte im privaten Dienst, etwa der Kolonialgesellschaften (Eckart, 1997, S. 119–120).

Auch der Aufbau von staatlichen Krankenstationen, der in der Mitte der 1890er Jahre begann, sollte anfangs allein der europäischen Bevölkerung dienen. Das erste Kameruner Krankenhaus, das 1897 eröffnete Regierungshospital in Duala, verfügte zunächst nur über 16 Betten. Eine recht große Zahl von kleineren Stationen oder auch nur Krankenstuben mit ein bis zwei Betten für die Zwischenversorgung Erkrankter im Land kam hinzu. Schon bald wurden den Europäer-Hospitälern Stationen oder Lazarettbaracken für die einheimische Bevölkerung (»Eingeborenen-Station«, »Farbigen-Hospital«) beigeordnet. Europäer und Einheimische blieben dabei getrennt. Seit Ende der 1890er Jahre, so in Ostafrika 1897, gab es zudem besondere Krankenhäuser für einheimische Patienten. Auch die Missionen betrieben Krankenstationen, Hospitäler und Krankenstuben. Sie bereiteten ihre Angehörigen in Deutschland durch Kurse in Krankenpflege und Tropenmedizin auf den Übersee-Aufenthalt vor, denn besonderes

Gewicht legten viele Missionen auf die nichtärztliche Krankenfürsorge, bei der Pflege und Missionierung verbunden werden konnten. Gleichwohl war die Krankenpflege nicht bloß Instrument der Christianisierung. In den Kolonien bildeten die Missionen auch einheimische Laien dafür aus, ärztliche und pflegerische Aufgaben zu übernehmen. Nicht zuletzt ging es der missionarischen Gesundheitsfürsorge darum, das einzudämmen, was sie als heidnischen Aberglauben und Zauber verstand. Dabei versuchte sie aber, anders als die staatlichen Ärzte dies taten, Elemente der einheimischen Medizin wie die Pflanzenmedizin zu integrieren, nicht zuletzt um Vertrauen zu gewinnen.

Im Mittelpunkt der Gesundheitsfürsorge stand die Bekämpfung von Seuchen und ansteckenden Krankheiten. Pocken, Pest, Lepra, Magen- und Darmkrankheiten, Syphilis, Malaria, Schlafkrankheit und Gelbfieber dezimierten immer wieder die einheimische Bevölkerung und bedrohten auch die Europäer. Ende der 1890er Jahre begannen systematische Maßnahmen wie die Trockenlegung von Feuchtgebieten als Moskitobrutplätzen, die vorbeugende Verabreichung von therapeutischen Mitteln gegen Malaria, die Isolierung von Leprakranken sowie die Massenimpfung von Hunderttausenden gegen Pocken. In Togo und Ostafrika erzielte man damit erste Erfolge, auch wenn die Bereitschaft zur Teilnahme an den Impfungen nicht groß war. Die deutschen Ärzte betrieben überdies die Zusammenfassung von Kranken in eigens dafür eingerichteten Dörfern und »Konzentrationslagern«, wie es zeitgenössisch hieß (Eckart, 1997, S. 205). Das sollte die Ausbreitung von ansteckenden Krankheiten verhindern und die Behandlung erleichtern. Die Isolierung, die Bedingungen in den Lagern sowie schmerzhafte Untersuchungen und therapeutische Experimente stärkten die Neigung, Krankheiten zu verheimlichen oder aus den Lagern zu fliehen. Tatsächlich experimentierten die Kolonialärzte sorglos mit unerprobten Medikamenten und toxischen Substanzen. Sie nahmen dabei gesundheitliche Schäden der Patienten und sogar Todesfälle in Kauf. Es gehe, so ein Regierungsarzt in Bezug auf die Schlafkrankheit in Togo 1909/10, um die Ermittlung angemessener Medikamente und Behandlungsdosen, und dies auch »ohne Rücksichtnahme auf einen zu erzielenden therapeutischen Effekt, wodurch zunächst allerdings das gesamte Endergebnis nach der negativen Seite hin beeinflusst werde« (zit. nach: Eckart, 1988, S. 32). Wie im Rechtswesen war die Vorgehensweise doppelgesichtig: Auf der einen Seite spiegelten die Maßregeln Vorstellungen und Vorurteile über angeborene Verhaltensweisen der überseeischen Bevölkerung. Auf der anderen Seite waren die erprobten Verfahrensweisen und Mittel modern, gemessen am Maßstab der zeitgenössischen Wissenschaft. Beides verband sich, wenn mit medizinischen Argumenten die strikte Trennung von Einheimischen und Europäern durchgesetzt oder wie in Togo die Zusammenfassung von Schlafkranken erzwungen wurde. Die Kolonien blieben Experimentierfelder der Medizin, in denen Misserfolge, so bei der Bekämpfung von Malaria oder der Senkung der teilweise extrem hohen Säuglingssterblichkeit, Erfolgen etwa bei der Eindämmung von Pocken und Pest gegenüberstanden.

Unbefriedigend blieb bis zuletzt die sozialmedizinische Fürsorge. Noch 1908 stellte der Staatssekretär im Reichskolonialamt Bernhard Dernburg fest: »Die Gesundheitspflege liegt sehr im Argen. Es gibt sehr wenig alte Neger« (zit. nach: Eckart, 1997, S. 57). In der Folge wurde nicht nur die Sanitätsaufsicht verbessert und die Tropenmedizin intensiver betrieben. Vielmehr kam es auch zu Arbeiterschutzverordnungen wie am 24. Mai 1909 in Kamerun. Demnach hatten die Handels- und Plantagengesellschaften sowie die Bahnbaubetriebe für ordentliche hygienische und gesundheitliche Verhältnisse zu sorgen und ihren Arbeitern angemessene Unterkunft und Verpflegung zukommen zu lassen. Im Krankheitsfall waren Arznei, Verbandsmittel und ärztliche Behandlung kostenfrei zu gewähren. Durch eine Reihe weiterer Maßregeln sollten die Zustände verbessert werden, von der Bereitstellung sauberen Wassers über die Eindämmung von Misshandlungen bis zur Anstellung von Bahnärzten wie in Togo. Realisiert wurde das offenbar nur zum Teil, die Wirkung war, wie zahlreiche Todesfälle belegten, begrenzt. Die verheerenden gesundheitlichen Zustände auf Großbaustellen, wo zudem europäische Arbeiter, im Pazifik auch chinesische, malayische und javanische Kulis (Kontraktarbeiter), einheimische Lohnarbeiter und Zwangsarbeiter zusammenlebten und Konflikte und Gewalttätigkeiten die Regel waren, wo Prügel durch die Vorgesetzten den Arbeitsalltag bestimmte und Alkohol sowie Geschlechtskrankheiten zu sozialem und individuellem Verfall führten, zeigten besonders eindringlich die Grenzen der Sozial- und Gesundheitspolitik in den Kolonien und die tief greifenden Bedrohungen, denen sich die kolonisierten Gesellschaften ausgesetzt sahen.

7
Stadt und Kultur in den Kolonien

Urbanisierung und Stadtentwicklung

Zu den vielfältigen sozialen Herausforderungen, die das Kolonialsystem mit sich brachte, gehörte die Urbanisierung. Die Gebiete, die das Deutsche Reich seit 1884 in Besitz genommen hatte, waren fast durchweg ländlich und agrarisch geprägt, städtische Siedlungen gab es nur vereinzelt, in manchen Gebieten wie Südwestafrika überhaupt nicht. Städtischen Charakter hatten vor allem einige Hafenorte, Handelszentren und Karawanenpunkte an der ostafrikanischen Küste wie Tanga, Bagamojo und Kilwa. Im Laufe der Kolonialzeit erlebten manche der alten Ansiedlungen ein beschleunigtes Wachstum, andere verloren an Bedeutung. Zudem entstanden neue Zentren gemäß den militärischen, administrativen und kommerziellen Bedürfnissen, aber auch gemäß den klimatischen Bedingungen und den kulturellen Prioritäten der Europäer. Das schnelle Stadtwachstum schuf soziale und hygienische Probleme und verlangte planerische Eingriffe der Kolonialverwaltung in die Stadtentwicklung. Bauordnungen regelten Straßenführung, Siedlungsverteilung und Baugestaltung.

Tsingtau war schon vor der deutschen Übernahme 1897 ein Handels- und Hafenort mit Verwaltungs- und Militärgebäuden, einem Tempel sowie dichter Bebauung durch Lehmhäuser. Doch für größere Dampfschiffe war der Hafen nicht geeignet. Unter deutscher Herrschaft änderten sich Struktur und Bild der Stadt rapide. Der Ausbau des Hafens und eine neue Mole erlaubten auch das Anlegen großer Dampfschiffe, die 1899 begonnene, 1904 fertig gestellte Eisenbahnlinie stellte die Verbindung zu den Kohle- und Erzlagern im Inneren des Pachtgebietes her. Die Vorkommen erwiesen sich freilich als nicht so ertragreich wie erhofft, Tsingtau wurde kein gewerbliches Produktionszentrum, sondern blieb ein Verkehrs- und Handelszentrum. Als solches expandierte es dank der neuen Infrastruktur schnell, die Einwohnerzahl stieg von 15 593 im Jahr 1902 auf 55 611 im Jahr 1913. Darunter waren 53 312 Chinesen, 2069 Europäer und Amerikaner sowie 230 andere Asiaten; hinzu kamen 2400 Soldaten der deutschen Garnison. Früh griff die deutsche Verwaltung steuernd ein, schon 1898 lag neben der Landordnung Wilhelm Schrameiers auch ein Entwicklungs- und Bebauungsplan vor. Das Stadtgebiet wurde aufgeteilt, der bessere Teil für Europäer reserviert. Hygienische Erwägungen verbanden sich dabei mit sozialen Abgrenzungsbemühungen. In den Europäervierteln wurden westliche Standards von Belüftung und Hygiene zugrunde gelegt. Im Geschäftsviertel durften nur 60 Prozent der Bodenfläche bebaut werden, im Villenviertel sogar nur 30 Prozent, bei Eckbebauung 40 Prozent. Die Straßen waren durchschnittlich 20 Meter, manche bis zu 25 Meter breit. Auch die Bauhöhe war begrenzt. In den Vierteln, die Chinesen vorbehalten blieben, war dagegen eine sehr viel dichtere Bebauung zulässig, erst recht in den an den Rand verlagerten Vierteln der Kulis, der aus dem Binnenland zugewanderten Lohnarbeiter, wo die Straßen in der Regel nur sechs bis zehn Meter breit waren. Die chinesischen Arbeiter lebten zudem in engen Bauagglomerationen. Seit Anfang 1914 erlaubte die deutsche Verwaltung wohlhabenden Chinesen die Ansiedlung im Europäerviertel. Wasserwerke (1901/08) und Schmutzwasserkanalisation (seit 1903) kamen erst den Europäervierteln zugute, mit einigen Jahren Verzögerung wurden die chinesischen Viertel angeschlossen. Die Überlegenheitsgefühle gegenüber Chinesen waren ungebrochen, die Vorurteile gegen Sitten und Lebensweise der Einheimischen massiv, die räumlichen Abgrenzungsbemühungen deutlich, aber im engen Sinn rassenbiologisch dachte man dabei nicht.

In Ostafrika knüpften die Deutschen an ältere Pläne des Sultans von Sansibar an, als sie 1887 Daressalam als Militärstation und Sitz der Deutsch-Ostafrikanischen Gesellschaft ausbauten. Zu diesem Zeitpunkt kam die zuvor fast verlassene Siedlung schon wieder auf 3000 bis 4000 Einwohner. Vorerst blieb die Stadt, seit 1891 Hauptstadt der Kolonie, primär ein administratives und militärisches Zentrum. Das etwa 75 km weiter nördlich gelegene Bagamojo war wie schon in vorkolonialer Zeit auch noch in den 1890er Jahren der wichtigste Hafen. Erst mit der Zunahme des Dampfschiffverkehrs verlor Bagamojo mit seinem flachen Hafenbecken an Bedeutung. Daressalam rückte seit dem Jahrhundertende auch als Handels- und Schifffahrtszentrum in die führende Position. Die Stadt wuchs sprunghaft, von 13 500 Einwohnern (davon 12 000 Afrikaner) im Jahr 1898 auf 20 000 (18 000 Afrikaner) im Jahr 1900. Das hing zum Teil mit konkreten Anlässen zusammen, einmal mit den Steuererhebungen, die immer mehr Menschen dazu veranlassten, in der Stadt Arbeit zu suchen, sodann mit einer Hungersnot in der Küstenregion im Jahr 1898, die durch Heuschreckenplage und Dürre bedingt war (Becher, 1997, S. 125 f.). Der Ausbau und das Wirtschaftswachstum in der Stadt setzten sich fort, getragen seit 1905/06 vom Eisenbahnbau, dem Ausbau des Überseehafens und der weiteren Erschließung der Kolonie. Aber das Bevölkerungswachstum war an eine gewisse Grenze gelangt: 1913 lebten 22 500 Menschen in Daressalam, darunter 19 000 Afrikaner, 967 Europäer und 2629 Inder.

Die Entwicklung und Erweiterung von Daressalam wurde bereits 1891 in einer Bauordnung reguliert. Für die Anlage neuer Viertel wurde Land erworben, teils annektiert als vermeintliches Gemeindeland nach der Kronlandverordnung, teils, wo private Rechtstitel vorlagen und anerkannt wurden, käuflich erworben. Bei der Neugestaltung wurde von vornherein auf eine Segregation nach kulturell-ethnischen Gesichtspunkten hingewirkt. Die Viertel von Europäern, Einheimischen und gegebenenfalls Indern und Arabern sollten getrennt werden, baurechtliche Auflagen für Belüftung und angemessene hygienische und sanitäre Verhältnisse sorgen. Auch dort, wo formal die Segregation nicht ethnisch definiert war, führten Bauauflagen für bestimmte Viertel schon aus materiellen Gründen zum Ausschluss der Einheimischen. Das betraf etwa die Vorschrift, Wohn- und Geschäftshäuser nur aus Stein und Ziegeln sowie mit Dachmaterial nach europäischem Modell zu errichten. Wo ältere Siedlungen bestanden, wurden sie im Zuge der planerischen Eingriffe nach europäischen Vorstellungen von Ordnung, Reinlichkeit und Gesundheit in der Stadt umgestaltet. So wurde in Tanga (Ostafrika) das durch unregelmäßige Anlage von Straßen und Lehmflechtwerkhäuser gekennzeichnete Ortsbild durch eine symmetrische Neuanlage ersetzt und die ursprünglich ansässige einheimische Bevölkerung aus der Innenstadt gedrängt. In einem Bericht aus dem Jahr 1900 hieß es: »Wer Tanga früher gekannt hat und es jetzt sieht, der staunt, was in so kurzer Zeit aus dieser Stadt geworden ist. War es früher ein winkeliger und schmutziger, dicht zusammengedrängter Haufen von halb-zerfallenen Neger- und Inderhütten mit wenigen festeren Araberhäuschen dazwischen, und ging man früher nur ungern hinein, weil es zu unangenehm roch, [...] so ist es unter dem deutschen Regiment ganz anders geworden. Die alte Stadt ist völlig verschwunden, und ein ganz neues Tanga ist an ihre Stelle getreten« (zit. nach: Becher, 1997, S. 64 f.). Entsprechende Aussagen konnte man auch über den Wandel des chinesischen Tsingtau lesen, wie sich überhaupt manche deutschen Stereotypen über afrikanische und chinesische Menschen und ihre Sitten fast austauschen ließen. Doch bloß als rassistisch ist eine solche Wertung nicht angemessen zu charakterisieren, vergleichbare Beschreibungen finden sich auch hinsichtlich der engen überbelegten Arbeiterviertel in den alten Zentren deutscher Städte. Eher ging es um Gestaltungshoheit und Gesellschaftsbild der Beamten, die in Afrikanern und Chinesen nicht anders als in deutschen Arbeitern Objekte ordnender Eingriffe im Interesse staatlich-gesellschaftlichen Fortschritts sahen. Die Ergebnisse wurden entsprechend enthusiastisch geschildert: Mit Sauberkeit und Regelmäßigkeit der Wohnanlagen hoffte man nun auch die einheimische Bevölkerung besser an die Siedlung binden zu können, sie sesshaft zu machen, sie leichter zur Lohnarbeit veranlassen und polizeilich kontrollieren zu können.

In Kamerun entwickelte sich im Gebiet der Duala eine aufstrebende Hafenstadt, deren Einwohnerzahl bis zum Ende der deutschen Kolonialherrschaft auf gut 20000 anstieg, darunter nur 400 Europäer. Denn den Sitz des Gouvernements hatte man 1897 von der klimatisch für Deutsche kaum erträglichen und malariagefährdeten Küste in das angenehm luftige, 1100 Meter hoch gelegene Buea verlagert, das freilich abseits der Verkehrswege blieb und kein Wirtschaftszentrum wurde. Die Duala nahmen schon in vorkolonialer Zeit eine führende Rolle im Handel ein, in der Kolonialzeit konnten sie sich durch Umstellung auf Cash Crops behaupten. Das Recht auf den von ihnen genutzten Boden hatten sie sich im Schutzvertrag von 1884 ausdrücklich zusichern lassen. Vom Wachstum der Stadt profitierten sie durch Landverkäufe an die deutsche Kolonialverwaltung, an Missionsgesellschaften und Kaufleute. Nach der Jahrhundertwende aber intensivierte die deutsche Verwaltung ihre Stadtplanung. Straßenführung und Baustruktur sollten verbessert, Ländereien für den Eisenbahnbau enteignet werden. 1910 schließlich sah die Verwaltung vor, einen Teil des Duala-Gebietes in eine reine Europäerstadt umzuwandeln, in der nur einheimische Dienstboten in begrenzter Zahl leben und die andere Afrikaner nur tagsüber betreten durften. Für diesen Zweck sollten die Duala gegen geringfügige Entschädigung enteignet und umgesiedelt werden, zwischen europäischer und afrikanischer Siedlung sollte ein Streifen von einem Kilometer Breite als *cordon sanitaire* unbebaut bleiben. Dagegen protestierten die Duala in mehreren Eingaben, auch der Reichstag debattierte 1914 das Problem. Am Ende wurde die Enteignung mit Gewalt durchgesetzt, der Widerstand der Duala durch die Hinrichtung der Führer Rudolf Manga Bell und Adolf Ngoso Din als vermeintlichen Hochverrätern bei Kriegsbeginn zerschlagen. In dem Duala-Plan mischten sich politisch-administrative, ökonomische und tropenmedizinische Vorstellungen: In einer modernen europäischen Stadt hatten die aufstrebenden, aber als potentielle Konkurrenten angesehenen, zugleich als Träger von Krankheiten gefürchteten Duala kein Aufenthaltsrecht mehr. Der Widerstand begründete sich vor allem daraus, dass die Umsiedlung in die räumlich ausgedrückte soziale Struktur der Duala und damit in ihr kulturelles Wertesystem eingriff. Konnten Stadtwachstum und Urbanisierung von der einheimischen Bevölkerung durchaus noch genutzt werden, so wurde die am Ende der deutschen Kolonialzeit immer massiver propagierte Segregation in den kolonialen Städten zur Bedrohung von Wirtschaft und Gesellschaft der heimischen Kulturen.

Gesellschaft und Lebensformen in der kolonialen Stadt

Die Bevölkerung der kolonialen Städte war außerordentlich heterogen, und sie war außerordentlich mobil. Die große Mehrheit stellten die einheimischen, das heißt aus der weiteren Region stammenden Bewohner. Den Hauptanteil machten jüngere Männer aus. Viele davon blieben nicht lange: Karawanenträger hielten sich nur wenige Monate im Jahr in den Städten auf, Eisenbahnarbeiter waren in der Übergangszeit des Ausbaus des Streckennetzes seit der Jahrhundertwende in größeren Zahlen in Städten wie Daressalam ansässig, zogen dann aber mit den Baustellen weiter. Sie kamen meist ohne Familie in die Stadt, und sie hatten dort selten feste Wohnungen. Zur einheimischen städtischen Bevölkerung zählten ferner die Dienstboten, die in den Haushalten der Europäer tätig waren. Auch die Verwaltung beschäftigte in nicht unbeträchtlicher Zahl einheimische Dienstboten, etwa für Gartenarbeiten, Betreuung der Zugtiere oder Instandhaltung der Wagen. Weiterhin lebten in der Stadt einheimische Angestellte, darunter Bürohilfsarbeiter, Schreiber, Steuergehilfen und Lehrer. Hinzu kamen Arbeiter in Werkstätten von privaten Unternehmen, Regierung und Missionen. Ein Großteil der Stadtbewohner war in der Landwirtschaft tätig, manche Städte wie das ostafrikanische Tabora wiesen nur wenig Gewerbe auf. Die Arbeiter, feste Kontraktarbeiter oder Tagelöhner, waren auf privaten oder kommunalen Plantagen in der Stadt selbst oder im Umland beschäftigt. Oft betrieben auch gewerblich Tätige Landwirtschaft als Nebenerwerb oder zur Selbstversorgung. Zudem lebten in einigen Städten der arabisch-islamisch beeinflussten ostafrikanischen Küste Sklaven in größerer Zahl. Noch im Jahr 1900 registrierte die Verwaltung in Tanga 1084 Sklaven. Einen hohen Sklavenanteil dürfte es auch in Tabora im ostafrikanischen Binnenland gegeben haben, wurde im dortigen Bezirk doch noch um 1900 der Anteil der Sklaven an der Gesamtbevölkerung auf rund zwei Drittel geschätzt (Becher, 1997, S. 107–111, 123). Schließlich gab es auch eine einheimische städtische Oberschicht von Grundbesitzern und Händlern, so – in sehr geringem Umfang – in ostafrikanischen Küstenstädten und vor allem in Tsingtau, das über eine wohlhabendere chinesische Kaufmannschaft und eine kleine chinesische Bildungselite verfügte.

Die neuen Städte waren für die einheimische Bevölkerung attraktiv wegen der Erwerbs- und Verdienstmöglichkeiten, die Löhne für Arbeiter lagen hier höher als auf dem Land, das sorgte für beständigen Nachzug. Allerdings waren auch die Lebenshaltungskosten in den Städten deutlich höher als auf dem Land, und dies überstieg in der Regel die höheren Löhne bei weitem. Eine auskömmliche Existenz in der Stadt war daher nur möglich, wenn über eigene Landwirtschaft eine gewisse Selbstversorgung sichergestellt war. Außerdem blieben die Stadtbewohner mit ihren Familien und Herkunftsgemeinden in Verbindung. Von dort bezogen sie Lebensmittel, sie versorgten dafür wiederum ihre Familien mit dem für die Steuern erforderlichen Bargeld. So verloren die einzelnen städtischen Arbeiter ihre Identität nicht, sie pflegten ihre sozialen Bindungen, viele waren ohnehin nur auf Zeit in der Stadt tätig und kehrten dann in ihre Heimatgemeinde zurück. Die koloniale Urbanisierung löste also die hergebrachten Gesellschaftsstrukturen nicht auf, aber veränderte sie. Insofern waren die Städte keine Schmelztiegel, obwohl hier Menschen unterschiedlicher regionaler und ethnischer Herkunft auf Zeit zusammenlebten. Doch wurden die sozio-ethnischen Grenzen durchlässiger, und gemeinsame städtische Lebensformen bestärkten Integrationsprozesse. In ostafrikanischen Küstenstädten trug dazu die Sprache Swahili bei, die auch von Zuwanderern aus dem Binnenland übernommen wurde und einerseits die städtische einheimische Bevölkerung verband, andererseits zur Abgrenzung von den Europäern diente. Der Islam spielte eine vergleichbare Rolle. Aber neue Bruchlinien innerhalb der afrikanischen Bevölkerung deuteten sich an, wenn sich etwa die Angestellten der Kolonialverwaltung von den Arbeitern distanzierten oder sich von ihrer Herkunft lösten, indem sie traditionale Kleidung mieden und sich dem europäischen Lebens- und Kleidungsstil anpassten. Trotzdem blieben sozio-ethnische Traditionen erhalten. Hergebrachte Riten und Feste wurden weiterhin begangen, sie vermittelten Herkunftsgewissheit und Zusammenhalt.

Eine besondere Gruppe in den Städten Ostafrikas bildeten die indischen Zuwanderer, darunter mehrheitlich Kaufleute und Händler, dazu Handwerker, Techniker und Arbeiter. Ihre Zahl stieg schnell. Auch die indische Stadtbevölkerung war sozial, ethnisch und religiös vielfach aufgegliedert, als Einheit wurde sie nur in der Abgrenzung von Afrikanern und Europäern wahrgenommen. Inder waren im Handel der Kolonie überrepräsentiert. Für die Wirtschaft der Kolonie waren sie insofern außerordentlich wichtig, sie sorgten für die Einbindung des Binnenlandes. Aber sie standen in Konkurrenz zu deutschen Pflanzern, da sie durch ihren Handel die afrikanischen Eigenbetriebe förderten. Deutsche Siedler forderten daher Restriktionen: Die Zuwanderung der Inder sollte behindert, der Erwerb von Handelslizenzen erschwert und der vermeintlich übermäßige Einfluss auf die Kolonialverwaltung eingedämmt werden. Zugleich genossen Inder eine privilegierte Stellung gegenüber der afrikanischen Bevölkerung und mussten von dieser Seite Kritik gewärtigen. Und schließlich gewannen sie auch gegenüber den arabischen Bewohnern der ostafrikanischen Städte an wirtschaftlicher Macht, zumal sie oft als Kreditgeber für arabische Karawanenhändler fungierten. So gerieten sie in eine ökonomisch zwar hervorgehobene, gesellschaftlich aber prekäre Lage. Immer wieder mussten sie mit Protesten und Forderungen nach Zurückdrängung rechnen.

Stark sozial differenziert war auch die Gruppe der Europäer. Dazu zählten Beamte, Militärs, Siedler, Plantagenbesitzer, Kaufleute, einige Gewerbetreibende sowie Missionare. Es handelte sich nicht nur um Deutsche, auch ein beträchtlicher Anteil von bis zu einem Drittel nichtdeutscher Europäer lebte in den deutschen Kolonien, allerdings zumeist als Siedler oder Plantagenbetreiber. In den Städten fanden sich nur wenige nichtdeutsche Europäer. Die Deutschen waren als kommunale Führungsschicht rechtlich und sozial allen anderen Gruppen in der Stadt deutlich übergeordnet. Schon materiell war die Hierarchie eindeutig: Ein europäischer niederer Beamter verdiente in der Kolonialverwaltung rund das Dreißigfache dessen, was ein Inder erreichen konnte, und das Vierzigfache des Gehalts, das ein afrikanischer Hilfsbeamter erhielt (Becher, 1997, S. 119 f.). Der Anteil der Deutschen an der städtischen Bevölkerung blieb durchweg sehr gering, in Daressalam lag er 1905 mit 2,4 Prozent noch relativ hoch, dazu trug das Verwaltungspersonal in der Hauptstadt bei. Anfangs war die deutsche Bevölkerung auf die Hauptorte konzentriert, im Zuge der kolonialen Durchdringung des Hinterlandes verteilte sie sich, die Anteile der Deutschen auch in Städten wie Tabora im ostafrikanischen Hinterland stieg. Die Scheidelinien zwischen den Interessen der in den Städten lebenden Verwaltungsbeamten und den auf dem Lande lebenden Siedlern und Pflanzern nahmen im Laufe der Kolonialzeit mit dem Anwachsen der Siedlerzahlen (namentlich in Südwestafrika, in kleinerem Maßstab auch in Ostafrika) einerseits sowie mit dem quantitativen Ausbau der Verwaltung andererseits zu.

Neben der rechtlichen Sonderstellung trugen auch Kultur und Lebensweise zum Zusammenschluss der Deutschen in den Städten bei. Zumal die meisten Deutschen ohne Frauen und Kinder in die Kolonie gekommen waren, stieg das Bedürfnis nach gemeinsamer Freizeitbeschäftigung (Frauen machten in den afrikanischen Städten nie mehr als ein Viertel der deutschen Bevölkerung aus, meist weit weniger; nur in Tsingtau belief sich der Frauenanteil unter der deutschen Bevölkerung auf gut zwei Fünftel). Die Muster der Freizeitaktivitäten wurden aus Deutschland übernommen: Clubs, Vereine und Feste bildeten die Pfeiler gesellschaftlichen Lebens und kultureller Identität. Kaisergeburtstage, Denkmaleinweihungen sowie die Jahrestage von Kämpfen und Siegen stellten Höhepunkte des Festzyklus dar. Zu den Vereinen zählten Männergesangvereine, Wohltätigkeitsvereine und Sportvereine.

In der mit rund 2000 Personen recht großen europäischen Gemeinde von Tsingtau reichte das Angebot vom Poloklub über Turn- und Radfahrverein bis zum Kunst- und Wissenschaftsverein. Das regelmäßige Beisammensein an Nachmittag und Abend in Club oder Kasino diente dem Informationsaustausch und der Ausbildung einer spezifisch kolonialdeutschen Identität. Angesichts eines von extremem Klima, Krankheiten, Kämpfen und natürlichen Herausforderungen bestimmten Alltags boten die abendlichen Treffen Ausfluchtmöglichkeiten und beförderten Alkoholexzesse, die dann wieder Reichsverwaltung und Reichstag in Deutschland beschäftigten und die wechselseitigen Vorbehalte zwischen Berliner Beamten und Parlamentariern einerseits sowie Kolonialdeutschen andererseits verstärkten.

Ästhetische Repräsentationen und die Symbole der Herrschaft

Die Siedlungskomplexe der Deutschen waren nicht nur räumlich, sondern auch bauästhetisch scharf abgesondert, durch die durchgrünte Gestaltung, neue Bauformen und die schon aus klimatischen Gründen bevorzugte Lage auf Anhöhen. Darin wiederum spiegelten sich Herrschaftsambitionen und Selbstverständnis der kolonialdeutschen Bevölkerung. Die Bauformen folgten europäischen Mustern und wilhelminischen Idealen, selbst die Materialien stammten zum Teil aus Europa und signalisierten die Besetzung fremden Landes. Das war umso bedeutsamer, als die traditionalen Bodenordnungen namentlich in Afrika weniger an formalen Rechtstiteln als an symbolischer Besetzung und Nutzung orientiert waren; insofern setzten die deutschen Kolonialherren sehr eindringliche Zeichen. Verwaltungsstation, Militärfestung und Kirche bildeten dabei im Idealfall die kolonialherrschaftliche Trias. Die protestantischen Christuskirchen, die in Windhuk und Tsingtau 1910 errichtet wurden, entsprachen in ihren historisierenden Anspielungen den Kirchenbauvorstellungen des deutschen Kaisers Wilhelm II. und symbolisierten die Verbindung von geistlichem Anliegen und politischem Auftrag. Die Verwaltungsbauten, zumindest in den westafrikanischen Kolonien oft von der preußischen Bauverwaltung in Berlin entworfen, griffen spätwilhelminische Stilelemente auf und kombinierten sie mit dem Klima entsprechenden Bauformen, etwa durch umlaufende Veranden, durchlüftete Dachstühle und der Querlüftung dienende Durchgangsräume. Bei Verwaltungsbauten garantierten historistische Bestandteile der Neorenaissance eine herrschaftliche Wirkung, damit kombinierte Jugendstilelemente drückten Offenheit und Modernität aus. Die wiederum häufig mit umlaufenden Veranden versehenen Wohnbauten in Afrika, wegen des hohen Männeranteils nicht selten Appartementbauten mit zwei oder vier Wohnungen, prägten einen eigenen kolonialen Bungalowstil. In Tsingtau dagegen dominierte angesichts des dem deutschen durchaus ähnlichen Klimas auch eine vergleichbare historistische Wohnhausarchitektur, bei zunehmender Tendenz zur Reduktion von Ornamentik und zur Vereinfachung der Formen.

Denkmäler ergänzten die ästhetische Präsentation der Deutschen in den Kolonien, auch hier war zumindest ansatzweise eine der deutschen Entwicklung entsprechende Tendenz zu Vereinfachung und Abstrahierung festzustellen. Meist handelte es sich um Denkmäler für einzelne Pioniere der kolonialen Eroberung und Herrschaft, für Entdecker, Militärs oder Verwaltungschefs. Die Initiative ging in der Regel von Kolonialkreisen aus. Eines der ältesten kolonialdeutschen Monumente, eine vermutlich 1888 errichtete Stele mit Porträt-Medaillon, war Gustav Nachtigal gewidmet, der 1885 gestorben war. Für den

1910 verstorbenen Kameruner Kolonialoffizier Hans Dominik wurde 1912 im Küstenort Kribi eine Bronzestatue errichtet. Derartige Denkmäler wurden in Deutschland gegossen und per Schiff in die Kolonie gebracht. Auch die Finanzierung erfolgte über Spendenaufrufe in Deutschland. Hauptspender waren Kolonialvereine, Militärs und einschlägig engagierte Kaufleute; Spenden aus der breiteren Öffentlichkeit in Deutschland blieben die Ausnahme.

Zunehmend wurden die Personendenkmäler als Symbole deutscher Herrschaft im öffentlichen Raum inszeniert. Das betrifft zum Beispiel ein 1909 in Daressalam errichtetes Denkmal für den 1905 gestorbenen ehemaligen Ostafrika-Gouverneur Hermann von Wissmann. Das Denkmal bestand aus einer überlebensgroßen Bronzefigur Wissmanns auf einem Granitsockel. Am Fuße des Sockels war die maßstäblich kleinere Figur eines Askari platziert, der die deutsche Flagge über einen erlegten afrikanischen Löwen senkte. Auf der Rückseite rühmte eine Inschrift Wissmanns Taten und Eigenschaften in deutscher Sprache. Auf der linken Seite befand sich eine Inschrift in arabischer Sprache und auf der rechten Seite eine in Swahili, und zwar in lateinischen Buchstaben. Sie lautete: »Gouverneur von Wissmann / Unser Herr von früher, / Er hat die Küste beruhigt / Und uns auf den richten Weg gewiesen. / Unser Sultan war Wissmann, / Der mit dem 40fachen Verstande, / Er war ein Mann des Vertrauens, / Wir hatten ihn alle lieb. / Er ist nicht mehr in der Welt, / Der Besitzer der Tapferkeit im Kriege, / Schauet hin auf das Denkmal, / Damit Ihr Euch an ihn erinnert« (Becker, 1914, S. 595). Die Inschrift hatte ein deutscher Wissenschaftler entworfen. Sie zeigte, wie sich die Deutschen vor Ort ihre Wahrnehmung durch die einheimische Bevölkerung wünschten. Allerdings konnte sie außer einigen fortgeschrittenen Missionsschülern wohl kaum jemand lesen, denn die Umstellung des Swahili von arabischer auf lateinische Schrift war erst wenige Jahre zuvor von der Kolonialverwaltung eingeleitet worden.

Bei der Einweihung des Denkmals versammelte sich die koloniale Gemeinschaft, darunter vier Veteranen der Wissmann-Truppe, ferner Askaris und arabische Würdenträger aus Deutsch-Ostafrika und Sansibar. Der Gouverneur hielt die Rede. Damit entsprach die Feier dem üblichen Muster. Honoratioren, Truppen und Siedler traten geordnet an. Geschützsalut, Aufmarsch der Ehrenkompanie, Begrüßungen und Ansprachen, Vorführungen, Lieder und Festessen bildeten den Rahmen. Als Termin für Einweihungs- und andere Feiern wurde nicht selten der Kaisergeburtstag, der 27. Januar, gewählt, der wie die Reden die Verbundenheit der kolonialen Gemeinschaft mit dem Reich demonstrierte. Zugleich versuchte man die einheimische Bevölkerung zu beteiligen. Askari-Einheiten, Verwaltungsangestellte, Schulklassen, einheimische Würdenträger nahmen teil. Meist mussten sie sich auf eine Zuschauerrolle beschränken, manchmal waren sie Teil der Inszenierung. So trugen bei der Einweihung eines Denkmals für die Wissmann-Truppen in Bagamojo (Ostafrika) im Dezember 1894 die afrikanischen Missionsschüler Lieder in deutscher Sprache vor, darunter »Heil dir im Siegerkranz« und »Deutschland über alles«, was, so ein deutscher Beobachter, »allgemein sehr gefiel« (zit. nach Speitkamp, 2000, S. 177). Durch derartige Arrangements wurde der einheimischen Bevölkerung symbolisch ihr Platz im kolonialen Herrschaftsgefüge zugewiesen. Zunehmend versuchte man auch, folkloreartige Elemente zu integrieren. Bei einer Kaisergeburtstagsfeier in Dikoa (Kamerun) wurden afrikanische Reiterspiele und Tänze aufgeführt. Allerdings blieb der deutsche Denkmalkult der afrikanischen Bevölkerung, deren Erinnerungskulturen auf Mündlichkeit und Flexibilität basierten, eher fremd.

Das beschränkte auch die ,Wirkung der eigentlichen Herrschermonumente. In den deutschen Kolonien handelte es sich dabei in der Regel nicht um Monarchen-Denkmäler, sondern fast ausschließlich um Bismarck-Denkmäler, etwa Büsten, Medaillons, Brunnen oder Felsen. In Kamerun wurde auch ein Bismarck-Turm errichtet. Nur bei der Namensgebung genoss der Monarch Vorrang vor dem Kanzler, die wichtigeren Straßen der kolonialen Siedlungen führten Namen wie Kaiserstraße oder Wilhelmsufer. In Bismarck wurde der mythenumwobene Gründer des Kolonialreichs geehrt, seit der Jahrhundertwende erreichte der Bismarck-Kult auch im Reich unter dem Vorzeichen nationaler Sammlung seinen Höhepunkt. Bismarck-Denkmäler enthielten in der Intention die Aufforderung zur aktiven Fortführung imperialer Expansion und zugleich eine unterschwellige Kritik an zögerlicher Reichspolitik. Die latente Spannung zwischen Kolonialdeutschen und Reichsspitze trat auch in der Errichtung und Inszenierung derjenigen Denkmäler zutage, die den militärischen Kämpfen und Siegen in den Kolonien gewidmet waren. Sie ehrten die Gefallenen, die aus der Sicht der Kolonialdeutschen auf sich allein gestellt, von kleinlichen Bürokraten und Parlamentariern in Berlin gegängelt, zum Ruhme Deutschlands einen blutrünstigen Gegner niedergerungen hatten. Die berühmtesten, das Marine-Denkmal in Swakopmund aus dem Jahr 1908 und der »Reiter von Südwest« in Windhuk aus dem Jahr 1912, erinnerten an die Niederschlagung der Aufstände, die 1904 in Südwestafrika ausgebrochen waren. Das erste zeigte Bronzestatuen von zwei Marinesoldaten auf einem Felsblock, der eine offenbar tödlich verwundet, der andere Wache haltend. Das zweite, insgesamt fast zehn Meter hohe Monument bestand aus einem Schutztruppensoldaten zu Pferd auf einem Granitsockel. Beide Denkmäler ehrten keine spezifischen Personen, sondern den gemeinen Soldaten als Typus und damit die kämpfende Gemeinschaft in der Kolonie und gingen so auf Distanz zum monarchischen Kult des Kaiserreichs. Auch das war ein Ergebnis der Aufstände.

8
Aufstände gegen die deutsche Herrschaft

Deutsch-Südwestafrika 1904–1907

Am 11. Januar 1904 erhoben sich die Herero in Südwestafrika gegen die deutschen Kolonialherren. Der Aufstand kam für Kolonialverwaltung, Siedler und Missionen überraschend, obwohl man seit Dezember 1903 Vorbereitungen wahrnehmen konnte, etwa Versammlungen der Herero-Großen. Die Herero befanden sich in einer besonders prekären Situation. In den späten 1890er Jahren beschleunigte sich ihr ökonomischer, sozialer und kultureller Niedergang. Die Viehherden, Basis ihrer Nomadenexistenz und auch symbolischer Ausdruck von Rang und Status, fielen zum beträchtlichen Teil der Rinderpest von 1896/97 zum Opfer. In den Jahren bis 1900 folgten Malaria- und Typhusepidemien, Heuschreckenplage und Dürreperiode. Viele Herero sahen sich gezwungen, Land an deutsche Siedler und auch Missionen zu verkaufen. Zudem mussten sich immer mehr Herero bei deutschen Händlern verschulden. Die Kolonialverwaltung betrieb eine zweideutige, vor allem eine kontraproduktive Politik: Einerseits war ihr an Landverkäufen gelegen, weil sie die Herero zu Sesshaftigkeit und Lohnarbeit zwingen wollte. Andererseits wollte sie den völligen Ausverkauf des Landes und die Proletarisierung des gesamten Volks vermeiden. Dazu begann sie – auch auf Anraten der Rheinischen Mission – 1901 mit der Vorbereitung von Reservaten, um den Herero reduzierten, aber gesicherten Siedlungsraum zuzuweisen. 1903 wurden die Reservatgrenzen bekannt gegeben. Das steigerte die Erbitterung der Herero, die sich auf schlechte Böden zurückgedrängt und vollends ihrer traditionellen Existenzgrundlagen beraubt sahen. Dazu trug bei, dass eine neue Eisenbahnlinie von Swakopmund an der Küste nach Windhuk, die 1902 fertig gestellt worden war, weitere deutsche Siedler ins Hereroland zog und den Verdrängungsprozess beschleunigte. Neue Eisenbahnpläne wurden 1903 offen gelegt. Schließlich trat am 1. November 1903 eine Kreditverordnung in Kraft, die eigentlich die verschuldeten Herero schützen sollte, aber das Gegenteil bewirkte. Sie sah vor, dass Schulden nach einem Jahr verjährten und die Gläubiger keinen Anspruch auf Kollektiveigentum (»Stammeseigentum«) zur Deckung individueller Schulden erheben durften. Daraufhin begannen die aufgeschreckten Händler in größter Hast und mit rücksichtsloser Gewalt, auch mit der Hilfe von Soldaten, ihre Schulden bei den Herero einzutreiben.

In dieser hoffnungslosen Situation verfiel die Autorität des von den Deutschen an der Macht gehaltenen und alimentierten Herero-Oberhäuptlings Samuel Maharero. Als sich im Dezember 1903 die Häuptlinge und Großen der Herero trafen, um über eine Erhebung zu entscheiden, war Samuel Maharero nicht die treibende Kraft. Für ein gewaltsames Vorgehen plädierten wohl vor allem diejenigen Großen, die aus den von Eisenbahn und Reservatpolitik betroffenen Gebieten stammten; im Übrigen waren nicht alle Herero-Häuptlinge von Anfang an eingeweiht. Die Entscheidung zum Aufstand fiel bereits im Dezember, nur der Zeitpunkt blieb offen. In den folgenden Tagen suchte Samuel Maharero die benachbarten einheimischen Völker zur Unterstützung zu bewegen, doch Ovambo, Bergdamara und Nama stellten sich gegen ihn. Schließlich kam den Herero entgegen, dass im Oktober 1903 die Bondelzwarts unter ihrem Chief Johannes Christian im Süden der Kolonie rebellierten, als die Kolonialregierung sie aufforderte, ihre Feuerwaffen registrieren zu lassen. Die Deutschen verlegten daraufhin den Großteil der Truppen in den Süden, das Herero-Gebiet schien weitgehend entblößt. Am 11. Januar erging der Befehl zum Aufstand. Bei den ersten Überfällen auf deutsche Farmen und Stützpunkte wurden 123 Deutsche getötet. Die Taktik der Herero zielte auf die Besetzung und Plünderung von Farmen und Siedlungen. Frauen und Kinder sowie Missionare sollten verschont werden. Das wurde zwar nicht immer, aber weitgehend eingehalten. Zentrales Anliegen der Herero im Aufstand war die Landfrage. Darauf deutete auch der Gesang der Frauen hinter den Gefechtslinien hin: »Wem gehört Herero-Land? Uns gehört Herero-Land« (Pool, 1991, S. 202).

Die Deutschen reagierten auf den Gewaltausbruch schockiert. Die Siedler forderten eine kompromisslose militärische Niederschlagung, Gouverneur Leutwein versuchte Zeit zu gewinnen und die Hintergründe des Aufstands zu erfahren. Er wandte sich in diesem Sinn Mitte Februar 1904 brieflich an Samuel Maharero. Schon am 20. Februar machte allerdings die Reichsregierung deutlich, dass Unterhandlungen nur mit Zustimmung Berlins geführt werden durften und man die bedingungslose Unterwerfung erwarte. Leutwein wurde als Kommandeur der Schutztruppe abgelöst und im Mai Generalleutnant Lothar von Trotha als neuer Oberbefehlshaber nach Südwestafrika geschickt. Trotha verfügte über einschlägige Erfahrungen. Er hatte als gerade Achtzehnjähriger am Preußisch-Österreichischen Krieg von 1866 teilgenommen, dann 1870/71 am Deutsch-Französischen Krieg. In den Jahren von 1894 bis 1896 hatte er sich als stellvertretender Gouverneur und Befehlshaber der Schutztruppe in Ostafrika aufgehalten und dort den Aufstand der Wahehe bekämpft, im Jahr 1900 war er als Leiter des Ostasienkorps zur Niederschlagung des Boxeraufstands nach China entsandt worden. Die Herero, die sich zum größten Teil am Waterberg versammelt hatten, wollte er in einer Umzingelungsschlacht besiegen, dann die Führer der Flüchtenden hinrichten und die übrigen entwaffnen. Dafür ließ er vor der Schlacht mit Stacheldraht eingezäunte

Gefangenenlager vorbereiten. Eine Vernichtung aller Herero war zu diesem Zeitpunkt noch nicht geplant. Am 11. August 1904 erfolgte der Angriff. Doch die Strategie Trothas misslang, die Truppen reichten für eine Umzingelung nicht aus. Zwar konnte der Widerstand gebrochen werden, die Herero flohen, aber die erhoffte Gefangennahme aller Herero gelang nicht. Daher änderte Trotha am 16. August seine Strategie. Nunmehr begann er einen Verdrängungsfeldzug, der die Herero in die Halbwüste Omaheke trieb und sie aus dem Land verjagen sollte. In brutaler Weise wurden auch flüchtende Frauen und Kinder von den Wasserstellen weggetrieben und in den Tod geschickt. Am 2. Oktober erging der so genannte Schießbefehl: »Die Herero sind nicht mehr deutsche Untertanen [...]. Das Volk der Herero muß [...] das Land verlassen. Wenn das Volk dies nicht tut, so werde ich es mit dem Groot Rohr dazu zwingen. Innerhalb der Deutschen Grenze wird jeder Herero mit oder ohne Gewehr, mit oder ohne Vieh erschossen, ich nehme keine Weiber und Kinder mehr auf, treibe sie zu ihrem Volke zurück oder lasse auch auf sie schießen« (Gründer, 1999, S. 152). Den Truppen wurde dazu mitgeteilt, dass über Frauen und Kinder hinwegzuschießen sei, um sie zur Flucht zu zwingen, männliche Gefangene aber sollten nicht mehr gemacht werden.

Trothas Schießbefehl hat ihn der Nachwelt als frühen Vertreter einer genozidalen Politik erscheinen lassen. Primär war sein Strategiewechsel, zu dem der Befehl gehört, Konsequenz des Scheiterns seiner anfänglichen Pläne. Die deutsche Propaganda stellte dies im Nachhinein als leuchtenden Erfolg dar. Trotha erhielt vom Kaiser den Orden »Pour le Mérite«, sein Vorgehen wurde in der offiziellen Dokumentation des deutschen Generalstabs gewürdigt, und die Kolonialbewegung pries ihn als genialen Soldaten. Dabei ging es indes auch um die Rechtfertigung des deutschen Vorgehens. Trotha selbst hat den Herero-Krieg und den Verlauf der Waterberg-Schlacht in seinen Tagebüchern als Bestätigung gedeutet, dass man sich in einem unvermeidlichen »Rassenkampf« befinde, wie er ihn schon 1897 in Ostafrika vorhergesagt habe (Pool, 1991, S. 292). Daher seien die Herero aus Deutsch-Südwestafrika zu vertreiben oder, wenn sie das Land nicht verlassen wollten, zu vernichten. Anders als die Missionen, die Kolonialverwaltung und letztlich auch die meisten Siedler ging Trotha nicht davon aus, dass man die Herero als Arbeitskräfte brauchte; die deutschen Siedler sollten die Farmarbeit allein verrichten. Die radikale Politik Trothas wurde freilich nicht weitergeführt. Am 9. Dezember 1904 musste auf Anweisung aus Berlin der Schießbefehl aufgehoben werden, dann auch der so genannte Kettenbefehl Trothas, demgemäß die Herero, die sich ergaben, Zwangsarbeit in Ketten zu leisten hatten. In den Internierungslagern des Militärs wurden die Kriegsgefangenen allerdings weiterhin unter elenden Bedingungen festgehalten und zur Zwangsarbeit verpflichtet. Die Missionen, deren Haltung im Krieg von Siedlern und den Schutztruppen zum Teil scharf kritisiert worden war, richteten nun im Auftrag und mit Mitteln der Regierung vier Sammellager für die vertriebenen Herero ein und organisierten Versorgung und Rückführung.

Leutwein war schon im November 1904 nach Deutschland zurückgekehrt. Einen Monat zuvor hatten sich die Witbooi-Nama unter Hendrik Witbooi erhoben, die im Sommer noch die Kolonialmacht mit Hilfstruppen gegen die Herero unterstützt hatten; die Politik des Gouverneurs war endgültig gescheitert. Der neuerliche Aufstand, der wieder überraschend für die Deutschen kam, war beeinflusst von der aus der britischen Kapkolonie hinüberdringenden religiösen Bewegung des Äthiopismus und ihres Propheten Klaas Stuurmann, der das bevorstehende Ende der weißen Herrschaft in Afrika angekündigt hatte und in Südwestafrika an der Organisierung und Agitierung der Aufständischen beteiligt war. Hendrik Witbooi seinerseits suchte in synkretistischer Weise aus christlichen Ideen und prophetischen Elementen eine neue unabhängige Religion zu begründen und sich zum spirituellen Führer zu stilisieren. Hinter der Erhebung standen aber auch sehr konkrete Vorgänge, namentlich die nicht unbegründete Furcht der Nama, nach der Niederschlagung der Herero würden auch sie entwaffnet werden und verbliebene Autonomierechte verlieren. Der Nama-Aufstand lief in einen Guerilla-Krieg aus, der sich noch über ein Jahr hinzog und bei dem auch Hendrik Witbooi Ende Oktober 1905 ums Leben kam. Die Witbooi ergaben sich am 26. November 1905, der Kriegszustand wurde bis zum 31. März 1907 aufrechterhalten, die letzten Kriegsgefangenen, Nama und Herero, wurden erst im Januar 1908 entlassen. Ähnlich wie beim Herero-Aufstand hatten sich die Missionare nicht einheitlich verhalten. Manche vertraten eine strikte Repressionspolitik, andere zeigten eher Sympathie für die Aufständischen. Generell reagierte die Mission im Fall der Nama angesichts der für sie bedrohlichen religiösen Hintergründe schärfer. Zwar sah die in Südwestafrika dominierende protestantische Rheinische Mission durchaus die strukturellen, in der Kolonialpolitik liegenden Ursachen der Erhebungen, sie lehnte aber den Widerstand gegen die aus ihrer Sicht legitime, gottgewollte Obrigkeit ab. Insofern plädierte sie für eine Niederwerfung der Aufstände und die Bestrafung der Anführer, die sich religiöse Funktionen angemaßt hätten, zugleich für eine Reintegration der übrigen Überlebenden.

Deutsch-Ostafrika 1905–1908

Auch der Aufstand, der im Juli 1905 in Ostafrika ausbrach, wurde von einer religiösen Bewegung getragen, und auch diese Erhebung kam für die Deutschen völlig überraschend. Die strukturellen Ursachen und die kurzfristigen Anlässe, die symbolischen Demütigungen und die Enttäuschungen unterschieden sich allerdings nicht unerheblich von der Ausgangslage in Südwestafrika. Anders als dort war das ostafrikanische Gebiet, namentlich die südlichere Hälfte, wo die Konflikte begannen, und das Binnenland, kleinteilig strukturiert, zahlreiche ethnische Gruppen lebten hier eng beieinander, in vorkolonialer Zeit hatte es keine größeren politischen Verbünde gegeben, auch in kulturell-religiöser Hinsicht war die Region in vielfältige Traditionen aufgesplittert. Die Kolonialmacht versuchte dies administrativ zu überformen, die Dorfoberen einzubinden und neue Autoritäten zu installieren. Vor allem zwei Eingriffe bedrohten dabei die materielle Existenz der Dorfgemeinschaften: Das war zum einen die Hüttensteuer, die im März 1905 in eine Kopfsteuer umgewandelt und dabei erhöht worden war, um Umgehungsmöglichkeiten zu unterbinden. Wer die Steuer nicht aufbringen konnte, musste sie abarbeiten, dies oft fern des eigenen Wohnorts unter härtester Repression. Und das war zum anderen die von den Männern eingeforderte Pflichtarbeit (28 Tage im Jahr) auf den in jeder Gemeinde neu anzulegenden Baumwollpflanzungen, den so genannten Kommunalschamben. Dadurch sollte seit 1902 die Verbreitung der Baumwolle vorangetrieben werden; zunächst allerdings gerieten aufgrund der Fronverpflichtung die bäuerlichen Felder in Vernachlässigung. Entscheidend für den Ausbruch war wohl der Konflikt um den Baumwollanbau: Der Aufstand begann als Bauernerhebung zu dem Zeitpunkt, als die Baumwollernte beginnen sollte, und in den Baumwollregionen des Südens; zudem wurden anfangs gerade Baumwollpflanzen herausgerissen und Baumwollfelder in Brand gesteckt. Zur Auslösung der Unruhen trug möglicherweise bei, dass die Kolonialregierung 1904 daran gegangen war, die seit 1902 vorbereitete Entwaffnung der einheimischen Bevölkerung durchzusetzen. Das betraf weite Gebiete der Kolonie und würde die große Verbreitung der Erhebung über die Baumwollregion hinaus erklären.

Verständlich machen würde es zudem den religiösen Kult, der die Aufständischen einigte, den Kult um das »Maji« (Swahili für »Wasser«). Die chiliastische Bewegung, die dahinter stand, ging auf Kinjikitele (auch: Kinjeketile) Ngwale zurück, der seit einem Erweckungserlebnis 1904 im Südosten des Schutzgebietes als Prophet wirkte. Er versprach Heil und Erlösung aus der Vertreibung der Kolonisatoren. Das in besonderer Weise zubereitete und gekochte Wasser des Flusses Rufiji sollte als Maji Maji, als heiliges Wasser, getrunken, über den Körper versprengt oder mitgetragen werden und dann magische Kräfte verleihen und unverwundbar machen – auch gegen Gewehre der Kolonialtruppen. Kinjikitele selbst spielte beim Aufstand keine bedeutende Rolle mehr; an den ersten Aktionen war er wohl nicht beteiligt, nach wenigen Tagen wurde er festgesetzt und am 5. August 1905 hingerichtet. Doch auch ohne ihn breitete sich die Bewegung schnell über die Kolonie aus, sie erfasste große Gebiete im Süden, ferner Regionen im Binnenland der Nordhälfte sowie an der Nordgrenze des Victoria-Sees; fast die Hälfte des Schutzgebietes war betroffen. Unter dem Kult des Maji Maji, der mit Zeremonien und Eidesleistungen bestärkt wurde, konnten sich sehr unterschiedliche Gruppen und Ethnien einigen, die unter einem bloß politischen Programm kaum zusammengearbeitet hätten. Boten (»Hongo«) des Kults stellten das Netzwerk bereit, das die Kommunikation über größere Entfernungen ermöglichte, denn eine übergreifende Organisationsstruktur existierte nicht.

Die meist bäuerlichen, wenig gebildeten Teilnehmer des Aufstands wendeten sich gegen konkrete Bedrückungen, auch gegen die Amtsträger, namentlich ortsfremde Akiden, welche die alltägliche Gewalt der Kolonialmacht repräsentierten. Eine gemeinsame Strategie oder einen konkreten, womöglich schriftlich fixierten Forderungskatalog gab es nicht. Geführt wurden die Aufständischen von lokalen Autoritäten, von »Häuptlingen« und von Jumben, den Dorfvorständen, die schon im traditionalen System die Führungsebene gebildet hatten. Eine Zusammenfassung unter gemeinsamer Führung wurde auch deshalb nicht angestrebt, weil die beteiligten Ethnien und Clans zurück zu ihrer traditional kleinteiligen Struktur strebten. Der vom Maji-Maji-Kult vermittelte Zusammenhalt trug daher nicht lange. Zu zahlreich waren die überkommenen Konflikte der Ethnien, Clans und Gemeinschaften, zu vielfältig die Interessen und die Erfahrungen mit den Kolonialherren. Zum einen traten Rivalitäten zwischen den Gruppen hervor, die auch gewaltsam ausgetragen wurden. Die Auseinandersetzung mit den Deutschen schuf Möglichkeiten, eigene Ansprüche auf Kosten der Nachbarn durchzusetzen. Zum anderen ging es um die Hierarchie innerhalb der einzelnen Gruppen, die durch die Eingriffe der Kolonialmacht in Frage gestellt war und durch Kampf, Raubzüge und die Eroberung der Insignien von Macht und Reichtum, etwa europäische Kleidung, wiederhergestellt oder neu bestimmt werden sollte.

Mit der amorphen Struktur der Aufstandsbewegung hängt zusammen, dass die Erhebung von deutscher Seite in den ersten Wochen erheblich unterschätzt wurde. Zwar kannte man die Probleme durchaus, die Bedrückungen der einheimischen Bevölkerung wurden nicht nur von Missionaren deutlich benannt. Doch erst im Sommer 1905 wurde die Bedrohung deutlich. Die vom Gouvernement im August in Berlin angeforderten Truppen trafen allerdings erst im Oktober ein. Dafür warb man Askaris in den umliegenden Kolonien und im eigenen Schutzgebiet an. Ähnlich wie in Südwestafrika beteiligten sich nämlich nicht alle heimischen Ethnien am Aufstand. Die großen Gruppen der Wahehe und der Yao unterstützten sogar die Deutschen mit eigenen bewaffneten Einheiten. In noch größerem Maß als in Südwestafrika wurden die Kämpfe daher unter Afrikanern ausgetragen. Die Aufständischen, vermeintlich geschützt durch das Maji Maji, versuchten es am Anfang mit offenen Massenerstürmungen deutscher Stationen. Den Gewehren, auch schon Maschinengewehren, der Verteidiger fielen jedes Mal Hunderte zum Opfer. Im September 1905 erreichte der Aufstand seinen Höhepunkt, danach drangen die Deutschen vor. Im Frühherbst gingen die Aufständischen zum Guerillakampf über. Die Deutschen reagierten, indem sie die Rückzugs-, Unterschlupf- und Versorgungsmöglichkeiten der Gegner zerstörten. Dörfer wurden niedergebrannt, Felder verwüstet, Viehherden konfisziert, Familienangehörige von Aufständischen in Sippenhaft genommen, Gefangene zur Zwangsarbeit abtransportiert, viele auch standrechtlich oder aus Rache hingerichtet. Das alles trug dazu bei, den Widerstand zu brechen. Im Juni 1907 hielten die Deutschen den Aufstand für überwunden. Scharmützel mit Guerillakämpfern zogen sich jedoch bis ins Jahr 1908 hinein, als offiziell schon längst die erfolgreiche Niederschlagung verkündet worden war; der letzte Guerillaführer wurde im Juli 1908 hingerichtet.

Die deutsche Vorgehensweise in Ostafrika weist Ähnlichkeiten mit dem Verhalten Trothas in Südwestafrika auf. Zwar fehlt ein dem Schießbefehl vergleichbarer Erlass. Wie in Südwestafrika aber reagierte die angeschlagene Kolonialmacht auf den unerwarteten Widerstand und die Hartnäckigkeit der Gegner mit äußerster Brutalität. Auch gegen die eigenen materiellen Interessen, die eine Schonung von Land und Arbeitskraft nahe gelegt hätten, wurde die Zerstörung vorangetrieben. Im November 1905 versuchte der Gouverneur von Ostafrika, Adolf von Götzen, die Vorgehensweise der Schutztruppen zu kanalisieren, indem er die Unterwerfungsbedingungen fixierte: Demnach waren die Anführer auszuliefern, die Waffen abzugeben, Strafgelder zu zahlen sowie in besonders gravierenden Fällen auch Fron-, Straf- und Zwangsarbeiten zu leisten. So waren es am Ende mehr noch als in Südwestafrika ökonomische Erwägungen, die zur Eingrenzung der Gewalt führten, dann aber auch die Restabilisierung der Ordnung ermöglichten. Letztlich bewirkten und erlaubten die Aufstände, in Ostafrika nicht anders als in Südwestafrika, die endgültige flächendeckende und effektive Durchsetzung der kolonialen Herrschaft.

Ergebnisse und Folgen

Die Folgen der Kämpfe waren verheerend. Über die genauen Zahlen der Opfer besteht nach wie vor wenig Klarheit. In Deutsch-Südwestafrika sollen vor dem Krieg etwa 80 000 Herero und 20 000 Nama gelebt haben. Am Ende des Kriegs nahmen die deutschen Truppen bis 1906 8889 Herero gefangen, davon kamen wohl noch einmal 7700 in den Militärlagern um. In den Sammellagern der Rheinischen Missionsgesellschaft befanden sich bis 1907 12 500 Herero, weitere 2000, darunter auch Samuel Maharero, waren ins britische Betschuanaland geflohen. Nach anderer, ebenfalls als offiziell deklarierter Zählung überlebten 14 769 Herero den Krieg, darunter 4157 Männer. Grob geschätzt wird häufig, dass 80 Prozent der Herero und 50 Prozent der Nama dem Krieg und seinen Folgen zum Opfer gefallen seien, aber auch beträchtlich niedrigere Anteile, manchmal auch deutlich geringere absolute Ausgangszahlen für die Herero, werden genannt. Für Deutsch-Ostafrika wurden die Opferzahlen früher auf 75 000 bis 130 000 geschätzt, heute sogar auf etwa 300 000. Eingeschlossen sind dabei die Opfer der Hungersnot, die nach dem Krieg ausbrach. Die Zerstörung von Dörfern, Feldern und Pflanzungen hatte die Ernährungsbasis auf Jahre hinaus ruiniert. Von der ethnischen Gruppe der Pangwa beispielsweise, die vor dem Aufstand etwa 30 000 Menschen umfasst hatte, überlebten wohl nicht mehr als 1500.

Mit den jeweils Tausenden Toten und der Zerstörung der natürlichen Existenzgrundlage, Vieh in Südwestafrika und Land in Ostafrika, brach die soziale Struktur innerhalb der betroffenen sozialen Gruppen und Ethnien zusammen. Die kolonialpolitische Reaktion, die Enteignung, Umsiedlung, Reservate und Arbeitszwang umfasste, tat ihr Übriges. Hinzu kamen die tiefen mentalen Erschütterungen, welche die Kriege hinterlassen hatten, nicht zuletzt die Risse innerhalb der einheimischen Gesellschaften. Die Flucht von Samuel Maharero zerstörte die Autorität des Oberhäuptlings und die Legitimität der alten Häuptlingsordnung. Der Rückzug Stuurmanns und der Tod Hendrik Witboois, das Scheitern des Maji-Maji-Kults, das Zögern Kinjikiteles und die inneren Konflikte unter ostafrikanischen Jumben zerschlugen alle Hoffnungen auf eine Wiedergewinnung von kollektiver Stärke und Würde im Einklang mit der Tradition – um einen antikolonialen Befreiungskampf im nationalen Sinn war es nicht gegangen. Die zersprengten Gruppen suchten jetzt neuen Halt, in Südwestafrika wie in Ostafrika profitierten davon die Missionen, die soziale Sicherung und in gewissem Maß politischen Schutz boten. Außerdem schien in den Kriegen das Christentum seine Überlegenheit über traditionale und neue einheimische Religionen bewiesen zu haben. Zu den schwer wiegenden Folgen zählte auch, dass die Kriege Feindschaft und Hass innerhalb der afrikanischen Gesellschaften zurückließen. In den Kämpfen standen Einheimische auf beiden Seiten, namentlich der ostafrikanische Aufstand wurde wesentlich von afrikanischen Einheiten niedergeschlagen. Zudem hatten die Kämpfe polarisiert. In den betroffenen Zonen Ostafrikas konnte man sich dem kaum entziehen, beide Seiten verlangten Loyalität und setzten sie mit brutaler Gewalt durch. Erfahrung und Erinnerung waren folglich vielfältig zersplittert, erfahren wurden Not, Gewalt und Schutzlosigkeit, in Erinnerung blieb den Teilnehmern kein heroischer Kampf, sondern das Bild »eines schmutzigen und brutalen Krieges« (so über Ostafrika Ingrid Laurien, in: Heine / van der Heyden, 1995, S. 362).

Gegenüber den afrikanischen Opferzahlen erscheinen die Zahlen der deutschen Opfer geringfügig. In Südwestafrika waren 17 000 deutsche Soldaten in den Jahren 1904 bis 1906 im Einsatz. Insgesamt wurden unter Einschluss der Siedler 1750 Deutsche getötet. In Ostafrika dagegen waren einschließlich der regulär stationierten Truppen wohl nur wenige Tausend deutsche Soldaten beteiligt, die Hauptlast trugen afrikanische Einheiten. Am Ende waren 15 Europäer, 73 Askaris und 316 Angehörige der Hilfstruppen den Kämpfen zum Opfer gefallen. Die deutsche Öffentlichkeit schaute daher mehr auf Südwestafrika. Der Maji-Maji-Aufstand erschien eher als Erhebung barbarischer Wilder, der schnell beendet werden würde. In Südwestafrika erhoben sich dagegen entwickelte, teilweise christianisierte Kulturen unter auch in Deutschland anerkannten Führungspersönlichkeiten, zumindest was Hendrik Witbooi angeht; außerdem waren deutsche Siedler betroffen. Schließlich hatte der Krieg in Südwestafrika den deutschen Steuerzahler mindestens 400 (nach anderer Berechnung 585) Millionen Mark gekostet. Im Berliner Reichstag kamen erneut, und schärfer als zuvor, Missstände in der Kolonialverwaltung, Skandale und Gräuel zur Sprache. Zugleich wurden aber auch Reformen in Verwaltung, Wirtschaft und Sozialpolitik der Kolonien eingeleitet. In Südwestafrika und Ostafrika nahmen sie allerdings unterschiedliche Formen an.

Deutsch-Südwestafrika wurde fortan unter dem neuen Gouverneur Friedrich von Lindequist ganz zur Kolonie der Siedler ausgebaut. Der Aufstand hatte den Weg dazu frei gemacht. Nach dem Krieg setzte eine starke Zuwanderung von Weißen ein, ihre Zahl stieg von 4640 im Jahr

1903 auf 14 830 im Jahr 1913. Eisenbahnbau und Diamantenfunde einerseits, Eindämmung und Disziplinierung der Herero und Nama andererseits steigerten die Attraktivität der Kolonie. Die Überlebenden der Aufstände stellten keine Gefahr mehr dar. Eine Reihe von so genannten Eingeborenenverordnungen aus dem Jahr 1907 unterwarf sie rigoroser Kontrolle. Die Freizügigkeit wurde eingeschränkt, zugleich sollten sie zur Arbeit diszipliniert werden. Alle über sieben Jahre alten Afrikaner hatten nun immer eine Passmarke mit sich zu führen. Für jeden Afrikaner wurde ein Dienstbuch angelegt, das die Polizeibehörde an den Dienstherrn aushändigte. Alle Arbeits- und Dienstverträge waren fortan genehmigungspflichtig, das ermöglichte einerseits die Überwachung, diente andererseits aber auch einem gewissen Schutz der Afrikaner, beispielsweise der Durchsetzung akzeptabler Arbeitsbedingungen und der neuen sozialpolitischen Bestimmungen zur Verpflegung und zur Versorgung mit Arzneimitteln. Da die Bevölkerungszahlen infolge des Kriegs zurückgegangen waren, musste zur Versorgung der Farmen und Betriebe das gesamte Arbeitskräftepotential erschlossen werden. Aber auch das reichte nicht. Arbeiter wurden aus dem Ovamboland im Norden und aus dem britischen Südafrika angeworben. Zudem griffen die neuen Bestimmungen in der Praxis nicht immer. Die Passpflicht wurde nicht nur von Arbeitern, sondern auch von manchen Siedlern umgangen, einerseits um sich mit den Arbeitern leichter arrangieren zu können und derart die Abwanderung oder Flucht von Arbeitskräften zu verhindern, andererseits um staatliche Kontrollen zu vermeiden. Allerdings wurde aus südwestafrikanischen Siedlerkreisen 1913 auch die Tätowierung von Afrikanern gefordert, die ihre Passmarken wegwarfen und sich der Kontrolle entzogen. Dagegen wandten sich wiederum öffentliche Meinung und Reichstag in Deutschland ebenso wie die Kolonialbeamten. Letztlich konnte eine effektive staatliche Aufsicht nur in den Städten durchgesetzt werden, nicht auf dem Land. Auf den Farmen schlugen sich die ersten Ansätze zu Arbeitsschutz und rationaler Arbeiterpolitik noch kaum nieder. Spannungen zwischen Siedlerinteressen und Kolonialverwaltung blieben deshalb bis 1914 bestehen.

In Ostafrika dagegen versuchte der neue Gouverneur Albrecht von Rechenberg das Reformkonzept einer rationalen und humanen Kolonisation zu realisieren. Dabei sollten nicht nur die Arbeitskräfte schonender behandelt, sondern auch die wirtschaftlichen Prioritäten neu gesetzt werden. Plantagen, die angesichts ihres hohen Arbeitskräftebedarfs konfliktträchtig waren, wurden nicht weiter gefördert, die Arbeitsverpflichtung auf den Kommunalschamben entfiel. Stattdessen setzte man auf heimische Cash-Crop-Produktion. Ein neues Gesetz stoppte den Landverkauf an Europäer. Protegiert wurde dagegen die Zuwanderung von Indern, ihre Zahl wuchs bis 1914 auf 9000 an. Als Händler sollten sie die afrikanische Produktion zur Küste transportieren helfen und für die Anbindung an den Überseemarkt sorgen. Allerdings stieß die neue Politik des Gouvernements auf Widerstände. Denn auch in Ostafrika nahm die Zahl deutscher Siedler und Pflanzer zu, von 1905 bis 1913 stieg sie von 180 auf 882, dementsprechend expandierte die Plantagenwirtschaft wieder und damit die Nachfrage nach Arbeitskräften. Erneute Experimente mit Arbeitsverpflichtungen und rücksichtslose Anwerbemethoden führten zur Entvölkerung mancher Gebietsstriche und zur weiteren Zersetzung traditionaler Dorfstrukturen. Im Scheitern der Rechenberg'schen Reformen traten die inneren Widersprüche und Grenzen einer Rationalisierung der Kolonialpolitik zutage. Auch im Reich blieb daher die Situation in den Kolonien bis zum Schluss in der Kontroverse.

9
Rückwirkungen der Kolonialpolitik

Kolonialskandale, Kolonialkritik, Kolonialreformen

Schon seit ihren Anfängen genoss die deutsche Kolonialpolitik keine uneingeschränkte Zustimmung. Denn die Kolonien kamen vor allem in Zusammenhang mit Skandalen, Aufständen und Finanzforderungen ins Gerede. Besonders die Fälle Leist und Peters sorgten in den Jahren 1894 bis 1897 für öffentliche Aufregung in Deutschland. Heinrich Leist hatte in Kamerun, wie erwähnt, afrikanische Frauen vor den Augen ihrer Männer auspeitschen lassen und wurde auch der Vergewaltigung beschuldigt. Zunächst wurde er vom Potsdamer Disziplinargerichtshof zu Gehaltskürzung und Versetzung (ohne Rangverlust) verurteilt, die Revisionsverhandlung in Leipzig führte dann zur Dienstentlassung. Carl Peters war nach dem Scheitern seines Engagements in der Deutsch-Ostafrikanischen Gesellschaft 1894 als Reichskommissar wieder nach Ostafrika geschickt worden. Schon ein Jahr später wurde er freigestellt, nachdem er seine afrikanische Konkubine und deren Liebhaber hatte hinrichten lassen. Auch Peters wurde nach einem Disziplinarverfahren 1897 aus dem Dienst entlassen. Schon seit 1896 lebte er in England, er unternahm weiterhin Reisen nach Afrika und konzentrierte sich im Übrigen auf eine umfangreiche publizistische Tätigkeit. Im Reichstag wurde der mittlerweile als »Hängepeters« bekannte Kolonialpionier scharf kritisiert, die SPD protestierte wiederholt gegen seine Vortragsauftritte in Deutschland. Der Kolonialbewegung galt er dagegen zunehmend als verkannter und von der Heimat verratener Held. Noch vor dem Ersten Weltkrieg wurde er von Wilhelm II. rehabilitiert, 1905 erhielt er den Titel »Reichskommissar a. D.« und ab dem Kriegsbeginn 1914, als er nach Deutschland zurückkehrte, auch eine jährliche Pension.

Der Fall Peters offenbart besonders eindringlich die Risse, die sich in der Kolonialfrage durch die Gesellschaft zogen. Nur mühsam konnte eine rechtsstaatliche Klärung der Skandale durchgesetzt werden, vom Kaiser wurde sie am Ende unterlaufen. Vor allem SPD und Zentrum griffen die Kolonialpraxis scharf an. Die Sozialdemokratie fühlte sich durch die Vorgänge um Peters in ihrer Kritik am Kolonialsystem und seinen verrohenden Auswirkungen, wie sie schon Karl Kautsky prognostiziert hatte, bestätigt. Die Parteiführer August Bebel und Wilhelm Liebknecht interpretierten die Skandale als Konsequenz eines weltweiten Ausbeutungssystems. Konkret forderte die Sozialdemokratie anlässlich des Falles Peters eine bessere Kontrolle der Verwaltung in Übersee und beharrte auf der Zuständigkeit des Reichstags. Im Rahmen der »Weltpolitik« der Jahrhundertwende ging es der SPD und ihrem kolonialpolitischen Sprecher Gustav Noske allerdings nicht mehr um die Frage, ob Deutschland sich überhaupt in Übersee engagieren sollte, sondern vor allem um die Vorgehensweise. Auch das Zentrum zweifelte nicht an der Legitimation von Kolonialpolitik an sich, zumal im Blick auf die Ausbreitung des christlichen Glaubens. Die Praxis in den Kolonien aber wurde von keiner Partei so scharf kritisiert wie vom Zentrum. Der kolonialpolitische Sprecher Matthias Erzberger rief dazu auf, die Kolonialherrschaft zu humanisieren und die Rechte der Afrikaner zu berücksichtigen, beispielsweise die Arbeitsbedingungen in den Kolonien besser zu überwachen. Damit geriet das Zentrum in Distanz zu den katholischen Missionen, die gerade in Südwestafrika, wo sie erst kurz und in minoritärer Position aktiv waren, eine enge Zusammenarbeit mit der Kolonialverwaltung anstrebten und auch den Siedlern entgegenkamen, um akzeptiert zu werden.

Als der Reichstag die Gelder zur Niederschlagung des Aufstands in Südwestafrika bewilligen sollte, erzielten die Kritiker der Kolonialpolitik einen letzten großen Erfolg. Am 13. Dezember 1906 wurde der Nachtragshaushalt für Südwestafrika mit knapper Mehrheit abgelehnt. Reichskanzler Bernhard von Bülow löste daraufhin den Reichstag auf. Die Neuwahlen Anfang 1907 gingen nach dem griffigen Wort Bebels als »Hottentottenwahlen« in die Geschichte ein (als Hottentotten wurden die Nama bezeichnet). Im Ergebnis führten die Wahlen zu einer neuen parlamentarischen Konstellation, dem vom Reichskanzler erwünschten Bülow-Block, der neben Konservativen und Nationalliberalen auch die Linksliberalen einschloss, die Kolonialkritiker aus SPD und Zentrum aber ausklammerte. In den folgenden Jahren spielten koloniale Fragen noch wiederholt eine Rolle im Reichstag, so in der zweiten Marokko-Krise 1911 und in der »Mischehen«-Debatte 1912, aber Bedenken bezogen sich allenfalls auf die Form der Kolonialherrschaft, nicht auf deren Rechtmäßigkeit an sich. Auch die Linksliberalen zweifelten nicht an der Notwendigkeit deutscher Weltpolitik, gemäß ihrer schon 1884 vertretenen Position ging es ihnen vor allem um die Rentabilität der Überseegebiete und um die Beachtung bestimmter Standards der Verwaltung.

Das Reich kam diesen Ansprüchen entgegen, indem es nach den Aufständen in Afrika auch die Kolonialzentrale in Berlin reorganisierte. Im September 1906 wurde der linksliberale Bankier Bernhard Dernburg an die Spitze der Kolonialabteilung berufen, im Mai 1907 übernahm er als Staatssekretär die Leitung des neuen Reichskolonialamts. Dernburg bewunderte die britische Kolonialpolitik, deren Prinzipien von Treuhandschaft er auch in den deutschen Kolonien anwenden wollte. Kolonisation, so Dernburg, »heißt die Nutzbarmachung des Bodens, seiner Schätze, der Flora, der Fauna und vor allem der Menschen zugunsten der Wirtschaft der kolonisierenden Nation, und diese ist dafür zu der Gegengabe ihrer höheren Kultur, ihrer sittlichen Begriffe, ihrer besseren Methoden verpflichtet« (Dernburg, 1907, S. 5). Dernburg plädierte daher für eine rationale Kolonisation, die am Ende beiden Seiten dienen werde: »Wie hat man früher kolonisiert? Es kam der Händler, es kam die Adventurers Company und sie verkauften dem Eingeborenen, was er am liebsten haben wollte, den Schnaps, das ›Feuerwasser‹, die Feuerwaffen. [...] Hat man früher mit Zerstörungsmitteln kolonisiert, so kann man heute mit Erhaltungsmitteln kolonisieren, und dazu gehören ebenso der Missionar, wie der Arzt, die Eisenbahn, wie die Maschine, also die fortgeschrittene theoretische und angewandte Wissenschaft auf allen Gebieten« (ebd., S. 9). Dernburg vertraute darauf, dass man über angemessene Löhne auch die Arbeitskraft der Kolonisierten voll werde ausschöpfen können, und wollte zudem deren Landbesitz schützen, Cash Crops fördern und den Handel ankurbeln. Er setzte sich für die Verbesserung von Forschung und Fachausbildung sowie für die Beschleunigung des Eisenbahnbaus ein. Das Konzept war nicht neu, sondern in der kolonialwirtschaftlichen Diskussion seit dem ausgehenden 19. Jahrhundert vorbereitet, es bedurfte aber der Aufstände, um die Notwendigkeit von Reformen deutlich zu machen.

Dernburg konzentrierte sich auf ökonomische Erwägungen. Es lag indes in der Konsequenz seiner Überlegungen, auch den Eigenwert überseeischer Kulturen neu zu entdecken. In den Jahren zwischen Jahrhundertwende und Kriegsausbruch, als zivilisationskritische Stimmungen in bürgerlichen Kreisen zunehmend Resonanz fanden, konnte auch in den Kolonien nach unverfälschten, von der industriellen Modernisierung nicht berührten Gesellschaften gesucht werden, in denen der Gemeinsinn noch nicht durch Materialismus und Parteienpolitik zersetzt war. Von daher konnten indigene Gesellschaften sogar ungeachtet unmittelbarer materieller Interessen nun als erhaltenswert erscheinen. Zuerst und vor allem betraf das die Bewohner der deutschen Pazifikgebiete, die – jedenfalls was Samoa anging – schon von Anfang an als »edle Wilde« wahrgenommen worden waren oder – was die übrigen Südseeinseln betraf, nun mehr und mehr in diese Rolle rückten und als Vorbilder für die als dekadent beurteilten Europäer entdeckt wurden. »Heimatschutz in die deutschen Kolonien!«, forderte 1913 ein Artikel in dem von Ferdinand Avenarius herausgegebenen *Kunstwart*, dem wichtigsten Organ der bürgerlichen Kulturreformbewegung. Die Verfasserin rühmte die hohe Kultur der Südsee-Völker, die Qualität ihres Kunsthandwerks, ihrer Bauten und Kleider. »Wir Kulturmenschen haben verlernt, die Hilfsmittel der Natur zu benutzen, der zivilisationsferne Eingeborene vermag sich mit ihren Gaben zu kleiden und Unterkunft zu schaffen.« Nicht zuletzt die Missionen hätten aus Unkenntnis Schaden angerichtet, beispielsweise westliche Kleidung durchgesetzt und »diesen glücklichen Naturkindern nicht nur ihr Wohlbefinden, ja ihre Gesundheit, sondern auch ihre Unbefangenheit« genommen. Die Mission solle zwar »Dämonenglauben« und »Rohheiten« bekämpfen, aber nicht wertvolle, harmonische Kulturen zerstören. Es gelte, »die Völker äußerlich in ihrer Eigenart zu erhalten oder gar zu ihr zurückzuführen« (Kramer-Bannow, 1913, S. 15 f., 22). Die Idealisierung des unverfälschten Lebens im Einklang mit der Natur und die Hoffnung auf einen Weg zurück spiegelten zwar die idealistischen Missverständnisse der europäischen Zivilisationskritik. Sie belegen aber, dass neben alldeutscher und völkischer imperialistischer Agitation auch Konzepte einer paternalistischen Kolonialpolitik einflussreich blieben. Dafür stand der langjährige Gouverneur von Samoa Wilhelm Solf, der von 1911 bis 1918 die Leitung des Reichskolonialamtes innehatte. Solf setzte auf genaue Orts- und Kulturkenntnisse und plädierte für eine Politik der Anleitung und Erziehung der einheimischen Bevölkerung. Dagegen kritisierte er Mentalität und Gewalttätigkeit der Südwestafrika-Deutschen, er befürchtete den moralischen Niedergang der kleinen Siedler in Südwestafrika wie auf Samoa.

Kolonialkultur im Reich

Solf sah sich mit dieser Haltung in Deutschland sowohl der Kritik der Kolonialenthusiasten wie der Kolonialskeptiker ausgesetzt. Dabei spiegelt die koloniale Kultur im Reich keine rückhaltlose Begeisterung für die überseeischen Besitzungen. Der Befund ist ambivalent. Auf der einen Seite fühlten sich die Kolonialdeutschen beständig verkannt, nicht angemessen geachtet und honoriert für den Dienst, den sie dem Vaterland leisteten. Auf der anderen Seite waren die Kolonien populär bis in die Alltagskultur hinein. In Reiseberichten und Romanen waren sie seit den 1890er Jahren ebenso präsent wie in Kolonialwaren und Werbung. Für diese Popularität des kolonialen Gedankens spricht die seit Ende der 1880er Jahre zunehmende Verbreitung kolonialer Belletristik. Den Anfang machte Frieda von Bülow. Die Schriftstellerin, die zeitweilig in enger Beziehung mit Carl Peters stand, gründete 1886 den Deutschen Frauenverein zur Krankenpflege in den Kolonien, 1887/88 hielt sie sich in Sansibar auf, 1893 reiste sie erneut nach Ostafrika. Von 1889 bis 1899 berichtete sie in Reisedarstellungen, Romanen und Erzählungen aus den Schutzgebieten und zeichnete vor der Folie afrikanischer Landschaften ein idyllisches Bild europäisch-herrschaftlicher Lebensweisen in Übersee. Einen weiteren Aufschwung nahm die Kolonialliteratur im Klima des alldeutschen Nationalismus seit der Jahrhundertwende. Große Verbreitung erreichte der Roman *Peter Moors Fahrt nach Südwest* des ehemaligen Pfarrers und Heimatkunstautors Gustav Frenssen aus dem Jahr 1906. Darin ging es um den Krieg gegen die Herero. Frenssen, der selbst nicht in Südwestafrika gewesen war, wertete Befragungen von Feldzugteilnehmern und Briefe aus. Auf dieser Basis schuf er die Geschichte eines jungen Mannes aus Itzehoe, der in den Krieg ausrückte, eine andere Welt erlebte, neue Erfahrungen machte und zum Mann reifte. Das zurückgelassene Deutschland stand für Heimat und Familie, aber auch für die Gefahren der modernen Zivilisation, für die Erschütterung der nationalen Standfestigkeit. Afrika stand für Freiheit, Kampf und Bewährung. Die erfahrenen Südwester machten dem Afrika-Neuling deutlich, dass man sich in der Kolonialpolitik entscheiden müsse: entweder christlich liebend missionieren oder herrschen. Die Schwarzen seien »nicht unsre Brüder, sondern unsre Knechte«, die man »menschlich, aber streng behandeln« müsse. Dass sie sich gegen die Fremdherrschaft erhoben hätten, sei nicht verwunderlich: »Sie taten dasselbe, was Norddeutschland 1813 tat. Dies ist ihr Befreiungskampf« (Frenssen, 1906, S. 67 f.). Mit diesem Urteil wurde eine Parallele zwischen den im Deutschen Reich idealisierten Befreiungskriegen gegen Napoleon und dem Herero-Aufstand hergestellt, das Verhalten der Herero also keineswegs als illegitim qualifiziert. Nur machte der Erzähler keinen Hehl daraus, dass die Herero als Volk »zum Tode verurteilt« seien; angesichts des unvermeidbaren Entscheidungskampfes lief es ihm »kalt über den Rücken« (ebd., S. 136).

In diesem Verständnis von kolonialer Expansion trafen sich die Vorstellungen der Kolonialinteressierten in Deutschland mit dem Selbstbild der Militärs, Abenteurer, Siedler, Kaufleute und Beamten in Übersee. Geschichten aus den Kolonien waren Geschichten von Kampf und Eroberung, vom Überleben in einer unwirtlichen Natur, von der Durchsetzung gegenüber feindlichen Völkern. In einer Phase jahrzehntelangen Friedens, in der die Kritik an satter Selbstzufriedenheit und nationalpolitischer Trägheit in

Deutschland stieg, stellten die Kolonien die Mythen bereit, welche die Heimat nicht mehr bot, die Geschichten über gemeinsame Taten, an denen sich die Nation aufrichten konnte. Die Erlebnisse und Erfahrungen in den Kolonien stellten dabei Archetypen für menschliche Herausforderungen dar, für Gefahr, Bewährung und Tod. Allerdings taten sich Risse zwischen Heimat und Kolonialfront auf, die dazu führten, dass sich die Kolonialdeutschen zunehmend von der reichsdeutschen Gesellschaft absonderten. Die Debatten über Kolonialskandale bestärkten unter den Deutschen in Übersee den Eindruck, man werde von Bürokraten, Juristen und Politikern in Berlin gegängelt und immer dann im Stich gelassen, wenn man ums Überleben, um Recht und Ehre der Nation kämpfe. Derart entstand eine Vorform der Dolchstoßlegende, wie sie später in Bezug auf den vermeintlichen Verrat der »Heimat« an der »Front« im Ersten Weltkrieg genutzt wurde, um die Legitimität der Weimarer Republik zu untergraben.

Tatsächlich hielt sich das Reich zurück, wenn es um die Anerkennung kolonialen Engagements ging. Zwar wurden nach kolonialen Feldzügen die üblichen Orden und Ehrenzeichen verliehen. Doch keiner der Kolonialpioniere erhielt ein Staatsbegräbnis. An den Beerdigungen nahm kein hochrangiger Vertreter des Reichs teil, erst recht nicht der Kaiser. Es blieb bei militärischen Ehren, wie sie auch andere Offiziere erhielten, und bei der Würdigung durch kommunale Honoratioren. In der breiteren Öffentlichkeit fanden Tod und Begräbnis von Kolonialheroen ebenso wenig Resonanz. Selbst der keineswegs unbekannte Kameruner Kolonialoffizier Hans Dominik erhielt in der überregionalen Tagespresse wie der *Frankfurter Zeitung* keinen Nachruf. In der Regel wurden die Toten nur in kolonialen Fachblättern gewürdigt. Nur selten wurde ihnen vor 1914 in Deutschland ein Denkmal errichtet. Auch bei Gedenkveranstaltungen blieb die koloniale Gemeinde unter sich. Hier würdigte man die Verstorbenen als selbstlose Vorkämpfer der Nation, die für das Reich Ruhm erworben, deutsche Kultur verbreitet und Gesundheit und Leben dem Dienst an der Nation geopfert hätten; die Heimat habe es ihnen jedoch nicht gedankt. So schweißte der Kult um die toten Pioniere die koloniale Gemeinde noch enger zusammen, ließ sie aber mehr und mehr in eine gewisse Randposition im Kaiserreich rücken.

Das zeigt der Fall Hermann von Wissmanns. Der Ostafrika-Offizier hatte zu Lebzeiten hohe Ehrungen wie das Adelsprädikat (1890) und die Ehrendoktorwürde (1894) erhalten. Sie fallen allerdings in die Zeit seines Überseeaufenthalts. Nach dem Ausscheiden aus dem Kolonialdienst und der Rückkehr aus Ostafrika 1896 zog sich Wissmann – zunehmend unzufrieden mit der Reichspolitik – zurück; am 15. Juni 1905 kam er bei der Jagd ums Leben. Dem Afrikapionier, der in den Jahren 1883 bis 1885 auch an einer belgischen Expedition teilgenommen hatte, wurden Nachrufe aus Deutschland, Belgien, Frankreich und England gewidmet. Ein »imposanter, schier unendlicher Trauerzug« begleitete »den großen Heimgegangenen nach dem Kölner Friedhof«, hieß es in einer Gedenkschrift, doch dabei handelte es sich zum größten Teil um Anhänger der Kolonialbewegung und Militärs. Zwar wurde Wissmann in einer Trauerrede gerühmt als »echter Germane, kühn und zäh in der Verfolgung großer Ziele und weitsichtiger Pläne, von heiligem Feuer beseelt für die Ehre der deutschen Flagge«, aber die Führung des Reichs war in Köln nicht zugegen (Becker, 1914, S. 564).

Auch die Kolonialdenkmäler, die in der an Denkmalprojekten reichen Zeit des Kaiserreichs nur marginale Bedeutung hatten, standen weniger für nationale Integration als für die Aufspaltung der kollektiven Erinnerung. 1909 wurde in Düsseldorf ein Denkmal eingeweiht, das der Erinnerung an die während der Herero-Nama-Kriege in Südwestafrika gefallenen Soldaten diente. Doch es stand im Hof der Infanteriekaserne und hatte daher wenig öffentliche Wirkung. Mehrere Kolonialpioniere wurden in Straßennamen und einige wenige auch in Denkmälern geehrt, darunter Wissmann. Vor ihm war wohl nur Gustav Nachtigal eine derartige Ehrung durch ein 1891 in Stendal eingeweihtes Denkmal zuteil geworden. Im Fall Wissmanns blieb es abgesehen von einem Gedenkstein in seinem letzten Wohnort, Weißenbach in der Steiermark, bei einem von der Kolonialbewegung initiierten Standbild in Lauterberg im Harz, wo er zumeist seine Heimataufenthalte verbracht hatte. Gedacht war ursprünglich an ein weithin sichtbares Höhendenkmal am Berghang. Dieser Plan, der die Tradition der Sieges- und Kaiser-Wilhelm-Denkmäler sowie der Bismarck-Türme aufgriff, wurde fallen gelassen, weil der Spendenaufruf nicht die erforderlichen Mittel zusammenbrachte – die Popularität des kolonialen Gedankens war offenkundig begrenzt. Das schließlich im Kurpark errichtete Monument bestand aus einer Bronzefigur Wissmanns auf einem Granitfindling. Den Blick ins Weite gerichtet, hielt Wissmann in der einen Hand eine Landkarte, in der anderen den Ehrensäbel, den ihm der Sultan von Sansibar verliehen hatte. Bei der Einweihung 1908 fehlten wiederum die Spitzen des Reichs. Die koloniale Gemeinschaft blieb unter sich. Das heißt aber nicht, dass der Kolonialismus in Deutschland keine beträchtlichen Rückwirkungen hatte. Sie lagen freilich auf einer anderen Ebene. Denn im Bild der Kolonien formte sich die nationale Identität der reichsdeutschen Bevölkerung neu.

Interkulturelle Begegnungen und nationale Identität

So wie das Ausgreifen nach Übersee durch sozialdarwinistische Vorstellungen vom Kampf der Nation ums Überleben angetrieben wurde, so wurde die Begegnung mit der

Bevölkerung der Kolonien in ein Erklärungsmuster eingefügt, das sozialdarwinistische Elemente aufnahm und darüber Hierarchien und Charaktere zumaß. Das Fremde rückte scheinbar näher, in Romanen ebenso wie in Reiseberichten. Doch wurden die Vorstellungen vom Anderen nicht vielfältiger, in gewisser Hinsicht erscheinen sie sogar zunehmend standardisierter. In der Auseinandersetzung mit dem Fremden und in der Kommunikation über das Fremde formten sich Stereotypen, die weitergetragen und auch räumlich transferiert wurden. Bei allen Unterschieden zwischen den »Eingeborenen« in Afrika, China und im Pazifik stand doch für die Kolonialbevölkerung ein Katalog an Charaktereigenschaften zur Verfügung, aus dem man die jeweils geeignete Kombination zusammenstellen konnte. Primär war der »Eingeborene« ein Kind, unreif, entwicklungsbedürftig, von kurzer Erinnerungsfähigkeit, aber durchaus hohem Gerechtigkeitssinn, treu, wenn er richtig geführt wurde, instinktgetrieben, wenn die Zügel lockergelassen wurden. Die Standardisierung der Wertungen erleichterte die Erklärung und mentale Bewältigung komplexer Probleme wie der Aufstände, sie erschwerte aber die Reaktion auf neue koloniale Herausforderungen.

Die Vorstellung von der unbezweifelbaren Überlegenheit des »Weißen« über den »Schwarzen« oder »Farbigen« wurde in immer neuen Geschichten präsentiert. Einerseits stieg die Neugier auf das Andere, andererseits schien das Interesse für das Besondere und Eigene, das im Anderen verborgen sein könnte, nachzulassen. Nur wenige der in den Kolonien Tätigen lebten unter der dortigen Bevölkerung, am ehesten einige Missionare, und dementsprechend war das Bild, das nach Deutschland heimgebracht wurde, schon von den Vorstellungen geprägt, die als Erwartungen von Deutschland nach Übersee mitgenommen worden waren. Trotz dreißigjähriger Kolonialherrschaft kannte man in Deutschland die Menschen der Kolonien nicht. In

Frenssens *Peter Moor* tauchten Herero als Individuen nicht auf, allenfalls als Typen des Wilden, des Stolzen oder des Heruntergekommenen. Während des gesamten Zeitraums deutscher Kolonialherrschaft sollen nur etwa 150 Afrikaner ins Deutsche Reich gekommen sein. Zumeist handelte es sich dabei um junge Männer, die von den Missionsgesellschaften für eine Ausbildung nach Deutschland gebracht wurden, oder um Dienstpersonal von Beamten oder Offizieren auf Deutschlandreise. Auch wurden mehrere Afrikaner als Übersetzer und Lektoren für einige Jahre nach Deutschland geholt. Über diese 150 Afrikaner hinaus kam die reichsdeutsche Gesellschaft mit Menschen aus den Kolonien nur bei Ausstellungen in Berührung, an erster Stelle die Berliner Gewerbeausstellung im Jahr 1896, in deren Rahmen eine Kolonialausstellung stattfand. Dabei wurden für knapp sieben Monate 103 Personen, die unterschiedlichen Regionen der deutschen Afrikakolonien entstammten, in nachgebauten Hütten präsentiert. Auch Christen, die längst an westliche Kultur gewöhnt waren, sollten vermeintlich authentische Kleidung und Lebensweise vorführen. Manche verweigerten die folkloristische Kostümierung, wie Friedrich Maharero, der Sohn von Samuel Maharero, der im Anzug auftrat (van der Heyden / Zeller, 2002, S. 297). Die Ausstellung von Menschen war höchst umstritten. Die Veranstalter beriefen sich darauf, dass sie lediglich Informationen zu Natur und Kultur in Übersee böten, die Kolonialvereine wollten auch die Bedeutung der Kolonien vor Augen führen. Die Missionen kamen dagegen nach anfänglich divergierenden Meinungen zu der Überzeugung, dass solche Präsentationen sittlich verwerflich seien. Dabei ging es ihnen einerseits um den negativen Einfluss auf die Afrikaner selbst, da »der Müßiggang, zu dem sie so lange Monate verurteilt sind, ihnen gewiß Schaden thut; schlimmer ist für sie, daß sie Tag für Tag Gegenstand der Neugierde sind, und daß sie, um die Neugierde zu befriedigen, veranlaßt werden, heidnische Unsitten, Tänze und dergleichen vorzuführen«. Auf der anderen Seite wurde moniert, dass derartige Ausstellungen eher Zirkusexotik präsentierten und einer ebenso oberflächlichen wie verrohenden Massenkultur zuarbeiteten, dass sie »die Schaulust der großen Menge befriedigen« würden (zit. nach: ebd., S. 136, 139). Kaum erfasst wurde in Debatten über Völkerschauen, dass solchermaßen inszenierte Begegnungen mit den Fremden dazu beitrugen, die standardisierten Bewertungen zu bestärken.

Tiefe Verunsicherung löste ein anderer, sehr konkreter Aspekt kolonialer Begegnung aus, der mit der kolonialen Expansion unvermeidbar verbunden war: die sexuellen und ehelichen Verbindungen zwischen Europäern und »Eingeborenen«. Aufsehen erregende Fälle gab es vor der eigenen Haustür: Mtoro bin Bakari, Lektor für Suaheli am Berliner Seminar für Orientalische Sprachen, heiratete im September 1904 standesamtlich eine deutsche Frau, wurde daraufhin von seinen Studenten regelrecht gemobbt und musste seine Tätigkeit aufgeben (ebd., S. 79, 211–215). Vor allem aber ging es um die Situation in den Kolonien. Die deutsche Überseebevölkerung bestand überwiegend aus jüngeren unverheirateten Männern. Nicht selten kam es zu sexuellen Beziehungen mit einheimischen Frauen. Der Begriff der »Verkafferung« drückte die Ängste vor einem rassischen Niedergang der Deutschen und vor einem Absinken auf die Kulturstufe der Afrikaner aus. Auf Wunsch Theodor Leutweins startete die Deutsche Kolonialgesellschaft eine Werbekampagne, um junge ledige Frauen zur Auswanderung nach Südwestafrika zu bewegen. Sie sollten auf Kosten der Gesellschaft reisen und dann bei Siedlern Unterkunft und Arbeit finden. 1898 kamen die ersten Angeworbenen in Südwestafrika an. Der 1907 entstandene Frauenbund der Deutschen Kolonialgesellschaft intensivierte die Werbung, und bis 1914 wurden 953 junge Frauen (nach anderen Angaben sogar an die 1500), wohl in ihrer Mehrheit Dienstmädchen, daneben Erzieherinnen oder Lehrerinnen, nach Südwestafrika gelockt, ein Viertel von ihnen soll in der Kolonie geheiratet haben. Doch so konnte das Grundproblem kaum gelöst werden. Dabei ging es nicht nur um Vorbehalte und Ängste bürgerlicher Frauen im Kaiserreich, sondern um die Vorstellung von der eigenen Nation.

Zum Schlüsselpunkt der Diskussion wurde die Frage der »Mischehen«. Nach dem Reichsangehörigkeitsrecht besaßen eheliche Kinder eines deutschen Reichsbürgers von Geburt an die Staatsangehörigkeit des Vaters – unabhängig davon, wo die Geburt stattgefunden hatte, und unabhängig davon, wer die Mutter war. Das galt auch, so erklärte die Kolonialabteilung 1897, wenn die Mutter Afrikanerin war. Bei einer – rechtlich zulässigen – standesamtlichen Trauung eines Deutschen mit einer Frau aus den Kolonien erhielten die Ehefrau und die Kinder die deutsche Reichsangehörigkeit. Bis zum 1. Januar 1903 wurden 42 derartige Mischehen geschlossen. Dies war im Reich wie in den Kolonien umstritten. Die Rheinische Mission in Südwestafrika setzte sich für die Zulassung der Mischehen ein. Sie wollte uneheliche Beziehungen vermeiden, zumal die Kolonisten dann ihre einheimischen Frauen und Kinder leicht im Stich lassen konnten – und dies auch oft taten. Zugleich sah die Mission in den Kindern derartiger Mischehen eine neue, ehrgeizige, aufstiegsorientierte Schicht, die zur Hebung der überseeischen Kultur beitragen könne. Die protestantische Mission war wohl durch Einzelfälle aus vorkolonialer Zeit selbst betroffen. Die katholischen Missionare in Südwestafrika dagegen lehnten »Mischehen« ab. Die deutschen Siedler wiederum wollten sich die Möglichkeit zu einer Ehe mit Afrikanerinnen offen halten. Derartige Eheschließungen verstießen jedoch gegen das Konzept Leutweins, obwohl der Gouverneur nicht in rassischen Kategorien dachte, sondern ökonomische und kulturelle Gegensätze meinte. Leutweins Stellvertreter Hans Tecklenburg interpretierte die Frage dagegen bereits als auch rassisches Problem. Angesichts des Aufstandes wollte das Gouvernement erst recht die Schranken zwischen den beiden »Rassen« befestigen und ein Verbot der »Mischehe« gegen die Berliner Kolonialabteilung durchsetzen, die sich an das geltende Recht hielt und standesamtliche Ehen für zulässig erklärte. Mit Wirkung vom 1. Januar 1906 wurden standesamtliche Trauungen zwischen »Weißen« und »Eingeborenen« in Südwestafrika verboten, danach auch bestehende »Mischehen« rückwirkend für ungültig erklärt. Das war nicht nur, gemessen an europäischen Rechtsstandards, bedenklich, sondern führte dazu, dass derartige Ehen zu unehelichen Beziehungen wurden, mit allen Folgen für die Kinder, die unter anderem die deutsche Staatsbürgerschaft verloren. Widerspruch dagegen wurde 1907 vom Obergericht Windhuk abgelehnt; die Justiz in Deutsch-Südwestafrika erklärte die Annullierung der Mischehen für rechtmäßig. Gegen den Protest auch einiger Siedler entzog man nun dem weißen Vater aus Mischehen die staatsbürgerlichen Rechte, besonders das Wahlrecht für die Selbstverwaltungskörperschaften. Das wurde vom Reichskolonialamt 1908 genehmigt. In Deutsch-Ostafrika war die Tendenz ähnlich, die Vorgehensweise aber vorsichtiger: Seit 1906 war für die Eheschließung eines Europäers mit einer Afrikanerin die Genehmigung des Gouvernements erforderlich. In Samoa, wo wohl über 100 Ehen zwischen deutschen Männern und einheimischen Frauen geschlossen worden waren, erging im Januar 1912 ein Verbot von »Mischehen«. Nach dem Verbot geborene »Mischlinge« galten rechtlich als »Eingeborene«. Die Vorgehensweise der Kolonialbehörden führte 1912 zu erbitterten Kontroversen im Reichstag. Zentrum, Sozialdemokratie und Fortschrittspartei sahen die Maßregeln im Widerspruch zu *Bürgerlichem Gesetzbuch*, Völkerrecht und Menschenrechten. Ohne »Mischehen« an sich zu befürworten, forderten sie doch, dass der Staat sich aus Heirat und Ehe heraushalten müsse. Das »Gesetz über die Reichs- und Staatsangehörigkeit« von 1913 griff zwar die Wünsche der Kolonialbehörden und Kolonialverbände zu Restriktionen gegen »Mischehen« und die daraus hervorgegangenen Kinder nicht auf. So blieb es beim Prinzip der patrilinearen Zueignung der Staatsangehörigkeit. Aber das Reichsamt des Inneren und ihm folgend das Reichskolonialamt unterstrichen, dass man »Eingeborene« überhaupt nicht und »Mischlinge« in der Regel nicht einzubürgern gedenke.

Das zeigte nicht nur die Grenzen des parlamentarischen Einflusses in kolonialen Fragen, sondern auch den tief greifenden Wandel, der sich im Verständnis der Überseebevölkerung und vice versa der eigenen Nation vollzogen hatte. Hielt man es am Anfang der Kolonialherrschaft noch für möglich, dass sich die Kolonisierten durch Assimilation aus ihrem – selbstverständlich vorausgesetzten – minderwertigen Kulturstatus herausentwickeln könnten, so galten seit der Jahrhundertwende »Mischlinge« mehr und mehr als Gefahr für die nun zunehmend rassisch definierte Nation. Diese Vorstellung wurde besonders von völkischen und alldeutschen Kreisen propagiert, sie war aber in gewisser Hinsicht auch in den kolonialreformerischen Plänen angelegt, die mit dem Schutz »eingeborener« Kulturen zugleich die Separation von »Weißen« und »Farbigen« anstreben mussten. Die Dernburg-Administration unterstützte die restriktive Politik der Gouverneure Südwest- und Ostafrikas in der Frage der »Mischehen«. Den Kolonialreformern kam es darauf an, Afrikaner oder Südseebewohner als solche zu erhalten; der Topos vom im Anzug verkleideten, verwestlichten, seiner angestammten Natur entfremdeten, zur Karikatur degenerierten und zugleich überheblich gewordenen Wilden durchzog auch die paternalistisch-humanistische Kolonialdiskussion der Spätzeit. Von dieser Position her lehnte man »Mischehen«

ab, zumal manche Einheimischen der Pazifikinseln auf einem höheren kulturellen Niveau stünden als manche moralisch verkommenen deutschen Siedler. Die Debatte um interkulturelle Begegnungen und rassische Trennung brach freilich im Ersten Weltkrieg ab. Im Weltkrieg sahen sich die Deutschen mit einer ganz anderen Form kultureller Amalgamierung konfrontiert: Nicht nur griffen beide Seiten verstärkt auf einheimische Soldaten zurück, vielmehr setzten die Alliierten ihre Kolonialsoldaten in großer Zahl in Europa ein, als Besatzungstruppen bis in die 1920er Jahre. In Deutschland wurde das als besondere Demütigung verstanden.

10
Das Ende der deutschen Kolonialherrschaft und der Kolonialrevisionismus

Der Untergang des deutschen Kolonialreichs im Ersten Weltkrieg

Auf den Krieg in den Kolonien war das Deutsche Reich nicht vorbereitet. Die Truppen in Übersee reichten nicht aus, um die Schutzgebiete ernsthaft zu verteidigen. Allerdings ließ sich die bei der Afrika-Konferenz 1884/85 formulierte Absicht, die Kolonien in einem europäischen Krieg für neutral zu erklären, nicht aufrechterhalten. Unter diesen Umständen ging es den Deutschen darum, zumindest das Funknetz und die Versorgung der Flotte sicherzustellen. Insofern war der deutschen Führung an einer Verteidigung der Kolonien gelegen, zumal man dadurch Kräfte der Alliierten meinte binden zu können. Diese entschlossen sich bald, die deutschen Schutzgebiete mit in den eigenen Kolonien neu rekrutierten Einheiten anzugreifen. Die Blockade der Seezugänge durch die überlegene britische Flotte kam hinzu. Togo mit der zentralen Großfunkstation fiel schon im August 1914 an den Gegner, Südwestafrika hielt sich bis Juli 1915, Kamerun bis 1916, in Deutsch-Ostafrika lieferte sich die Schutztruppe bis November 1917 nach Guerilla-Taktik Gefechte mit den Briten, dann führte sie die Kämpfe auf portugiesischem und britischem Territorium fort. Der Kommandeur Paul von Lettow-Vorbeck ergab sich erst am 25. November 1918, nach dem Waffenstillstand in Europa. Daraus schöpfte er in der Nachkriegszeit seinen mythischen Ruhm. Die Kämpfe in Ostafrika waren allerdings außerordentlich verlustreich. Über 100 000 Menschen fielen ihnen zum Opfer, und große Teile der Kolonie wurden erneut verwüstet.

Die Reichsleitung ging ungeachtet der militärischen Erfolgsaussichten in Übersee davon aus, im Fall eines Sieges die Überseeterritorien des Gegners übernehmen zu können. Schon im territorial weit ausgreifenden Septemberprogramm des Reichskanzlers Bethmann Hollweg aus dem Jahr 1914 tauchten wieder Pläne eines zusammenhängenden deutschen Mittelafrika auf. In der Folge spiegelten die Konzepte zur Erweiterung des afrikanischen Kolonialreichs jeweils den Stand des Kriegs und der Friedensbemühungen. Zur Debatte stand die Aufteilung von Überseegebieten Frankreichs, Belgiens, Portugals und sogar Großbritanniens. Mittelafrika sollte die Mitteleuropa-Pläne abstützen und zu einem autarken Wirtschaftssystem beitragen. In der Überzeugung, dass Deutschland Anspruch auf Kolonien habe, stimmten fast alle überein, und dabei blieb es bis über das Kriegsende hinaus. Am 1. März 1919 protestierte die Nationalversammlung mit 414 gegen 7 Stimmen gegen die Annexion der Kolonien. Auch SPD, Zentrum und Linksliberale stellten sich rückhaltlos hinter den Beschluss, nur die KPD und einige USPD-Abgeordnete votierten dagegen.

Der Versailler Vertrag, den die deutschen Vertreter am 28. Juni 1919 unterzeichneten, bestätigte in Art. 119 die Abtretung der deutschen Überseegebiete. Die Mantelnote vom 16. Juni 1919 formulierte, vergleichbar dem Art. 231 über die Kriegsschuld, die auf moralische Vorwürfe gestützte völkerrechtliche Legitimation: Deutschland habe durch Misswirtschaft und Misshandlungen der Kolonialbevölkerung den Anspruch auf Kolonien verwirkt. Das im September 1918 in Großbritannien erschienene *Blaubuch* über die deutsche Politik in Südwestafrika lieferte Material und Argumente. Die Bevölkerung der Kolonien selbst wünsche keine Rückkehr unter deutsche Herrschaft, hieß es nun. Die Kolonien wurden als Mandate des neu gegründeten Völkerbundes einzelnen Mächten zur Verwaltung übertragen. Deutsch-Ostafrika fiel zum überwiegenden Teil an Großbritannien, nur ein kleines Gebiet übernahm Portugal; Ruanda und Urundi wurden Belgien übertragen. Kamerun ging zum größten Teil an Frankreich über, zum kleineren an Großbritannien. Togo wurde unter die beiden Entente-Mächte aufgeteilt. Südwestafrika unterstand der Mandatsverwaltung der Südafrikanischen Union. Das Mandat über Samoa erhielt Neuseeland. Die anderen Pazifikgebiete, darunter Neuguinea, fielen an Australien. Nur die nördlicheren Inselgruppen übernahm Japan, das auch das chinesische Kiautschou erhielt. Südwestafrika und die Südseeinseln galten als C-Mandate, sie durften anders als die mittelafrikanischen Gebiete, für die als B-Mandate strengere völkerrechtliche Auflagen galten, weitgehend in das Hoheits- und Verwaltungsgebiet der Mandatsmächte eingegliedert werden.

Unklar ist, wie die Bevölkerung der ehemals deutschen Kolonien den Machtwechsel aufnahm. Die Reaktionen offenbaren Schattierungen, die in der Kontinuität changierender Handlungsmuster der Vorkriegszeit liegen. Letztlich hing es von der Stellung im deutschen Kolonialsystem und von den Erwartungen an die neuen Kolonialherren ab, wie sich einzelne Personen oder Gruppen verhielten. Alte wie neue Kolonialherren fanden deshalb jeweils geeignete Belege für ihre konkurrierenden Sichtweisen. Der Fall der Herero macht die Grauzonen besonders deutlich (Krüger, 1999). Die Herero erhofften vom Regimewechsel die Rückgabe von Land und Vieh und das Wiedererstarken ihrer Kultur. Dabei wirkte die neue Bewegung der Otruppa mit, der so genannten Truppenspieler, welche die Verbindung unter den Herero aufrechterhielt und dann in die Organisation der Otjiserandu überging. Diese formte, ausgehend von der Beerdigung Samuel Mahareros, einen eigenen Gedenkkult der Herero. Samuel Maharero war 1922 aus Transvaal, wo er seit 1907 im Exil lebte, in die Nähe der südwestafrikanischen Grenze nach Britisch-Betschuanaland zurückgekehrt; dort starb er am 14. März

1923. Das Begräbnis fand am 26. August 1923 in Okahandja im Hererogebiet statt, 2500 Herero nahmen teil. Der Sarg war mit einem britischen Union Jack bedeckt, nicht, wie in Deutschland kolportiert wurde, mit einer deutschen Reichsflagge. Samuels Sohn Friedrich Maharero hatte sich auch die Beteiligung von Deutschen verbeten. Allerdings trugen zahlreiche Herero bei den Gedenkfeierlichkeiten deutsche Uniformen oder Imitationen von Uniformen. Seit 1924 feierten die Herero den Jahrestag des Begräbnisses; der Gedenktag stieg zur zentralen Feier, ja, geradezu zum Nationalfeiertag der Herero auf. An dem Kult um den vor 1914 umstrittenen Führer richteten sich die überlebenden Herero wieder auf, schöpften sie Identität und Tradition. Dabei stand nicht die konkrete Erinnerung an den Kampf gegen die Deutschen im Mittelpunkt, ebenso wenig die Abgrenzung von den ehemaligen Kolonialherren. Eher ging es darum, ein traumatisches Schlüsselereignis der gemeinsamen Geschichte zum Ausgangspunkt einer neuen, quasi-nationalen Identität zu nutzen. Der hybrid anmutende Nationalkult der Herero irritierte die alten wie die neuen Kolonialherren.

Der Symboleklektizismus des Herero-Kults unterstreicht, dass beim Herrschaftswechsel in den Kolonien keine Abrechnung mit den Zeichen der vertriebenen Machthaber stattfand. Deutsche Kolonialdenkmäler wurden nicht von Einheimischen gestürzt, sondern von den französischen oder britischen Eroberern, die Symbole wie das Wissmann-Denkmal aus Daressalam oder das Dominik-Denkmal aus Kamerun demontierten und die auch die an Deutschland erinnernden Straßennamen fast sämtlich abänderten, um nach außen wie innen die Endgültigkeit des Herrschaftswechsels deutlich zu machen. Auf den Sockel des Wissmann-Denkmals stellten die Briten das Standbild eines englischen Askari und führten so die Demütigung der deutschen Kolonialherren sinnfällig vor. Die südafrikanische Mandatsmacht in Südwestafrika dagegen, die noch im Krieg die als Reservisten in Gefangenschaft geratenen deutschen Siedler und Missionare auf ihre Farmen und Stationen zurückkehren ließ, verzichtete auf eine symbolische Flurbereinigung. Umbenennungen von Straßen wurden nach Siedlerprotesten rückgängig gemacht. Die deutschen Kolonialdenkmäler, angefangen mit dem »Reiter von Südwest«, blieben unangetastet. Für den glimpflichen Umgang mag die Nähe der südafrikanisch-burischen Mentalität zur südwestafrikanischen Siedlermentalität und das von deutscher Seite propagierte gemeinsame »Rassenbewusstsein« verantwortlich gewesen sein.

Für die Deutschen aus den übrigen Kolonien aber brachen mit dem Weltkrieg Lebensplanung und Zukunftserwartung zusammen. Zumeist früh interniert und manchmal für Jahre festgehalten, mussten sie nach Kriegsende in ein Deutschland zurückkehren, in dem es an Wohnungen und Arbeit fehlte und man für enttäuschte Kolonialpioniere, die an ganz andere Lebensbedingungen gewohnt waren, wenig Verwendung hatte. Mancher versuchte später, erneut in den ehemaligen Kolonien Fuß zu fassen, so als ab 1925 die britische Mandatsmacht die ostafrikanischen Grenzen für Deutsche wieder öffnete und auch einzelne deutsche Handelsfirmen abgebrochene Kontakte wieder zu knüpfen versuchten. Doch den meisten Kolonialdeutschen blieb dieser Weg versperrt. Die Kolonialrückkehrer bildeten in Deutschland eine recht abgeschottete, von vornherein der Republik, von der sie sich im Stich gelassen fühlten, distanziert gegenüberstehende Minderheit. Umso hartnäckiger hielten die Rückkehrer daran fest, dass die Bevölkerung der Schutzgebiete nach wie vor treu an ihren ehemaligen Herren hänge, die fürsorglich nur das Wohl und die Verbesserung der Einheimischen vor Auge gehabt hätten. Voller Genugtuung berichtete man, dass nach der Demontage des Kameruner Dominik-Denkmals die Afrikaner nun eben den stehen gebliebenen Sockel gegrüßt hätten.

Kolonialrevisionismus und organisierte Kolonialbewegung

Erzählungen über die Anhänglichkeit der Kolonialbevölkerung an die ehemaligen deutschen Herren und die Treue der Askaris bildeten einen Topos der kolonialrevisionistischen Literatur der Weimarer Zeit. Derartige Geschichten formten den emotionalen Kitt, der die koloniale Gemeinde zusammenhielt. Außenpolitisch wichtiger war freilich die Widerlegung des *Blaubuchs* und der im Versailler Vertrag implizierten Vorwürfe. Dazu diente einmal ein von der Reichsregierung 1919 veröffentlichtes *Weißbuch*, das die deutsche und britische Kolonialpolitik verglich, sodann ein umfangreiches Rechtfertigungsschrifttum. Schlagwort und Argumente gab der ehemalige Gouverneur von Deutsch-Ostafrika Heinrich Schnee vor, der 1924 eine Abhandlung über *Die koloniale Schuldlüge* publizierte. Übersetzungen wurden auch im Ausland verbreitet, die englische Ausgabe erschien 1926 unter dem Titel *German Colonization Past and Future*. Schnee bezog sich auf die Vierzehn Punkte des amerikanischen Präsidenten Woodrow Wilson, der eine unparteiische Schlichtung der kolonialen Angelegenheiten zugesagt habe. Daran hätten sich die Alliierten nicht gehalten, sie hätten auch die Kolonialbevölkerung um das versprochene Selbstbestimmungsrecht betrogen. Ausschließlich aus »Macht- und Wirtschaftsinteressen« (Schnee, 1927, S. 23) hätten sie die deutschen Kolonien annektiert und dies mit moralischen Vorwürfen legitimiert. Die Deutschen hätten sich keineswegs, wie behauptet, Gräueltaten zuschulden kommen lassen, sie hätten ihre Kolonialbevölkerung nicht schlechter behandelt als die Briten die ihre, tatsächlich sogar eine ausgesprochen philanthropische Kolonialpolitik betrieben, darüber hinaus die wirtschaftliche Entwicklung gefördert. Es entspreche auch nicht, wie von den Alliierten behauptet, den Wünschen der »Eingeborenen«, unter neue Herrschaft zu gelangen, vielmehr sprächen sich diese sogar für die Beibehaltung der deutschen Herrschaft aus. Derartige Thesen wurden in zahlreichen Erinnerungsbüchern und anschaulich illustrierten Darstellungen, etwa im *Deutschen Kolonialbuch* des ehemaligen ostafrikanischen Bezirksamtmanns Hans Zache, übernommen und um nostalgisch-idyllische Schilderungen der deutschen Fürsorge und des harmonischen Alltags zwischen »Weiß« und »Schwarz« in den Kolonien ergänzt. In der Argumentation für die Rückgewinnung der Kolonien setzte man nicht nur auf den Rechtsanspruch auf ehemaligen Besitz und eine Gleichberechtigung Deutschlands in kolonialen Fragen. Vielmehr hob man auch die Notwendigkeit überseeischer Rohstoff-, Absatz- und Siedlungsgebiete hervor. Da sich die für Deutschland wichtigen Rohstoffe nicht in den ehemaligen Kolonien befanden, stand man allerdings gegenüber der von der nationalen Rechten in Deutschland vertretenen Meinung, ein autarkes Wirtschaftssystem könne nur mit einer Expansion nach Ost- und Südosteuropa erreicht werden, auf verlorenem Posten. Umso wichtiger war es der Kolonialbewegung, die »Kolonialschuldlüge« gleichrangig neben der »Kriegsschuldlüge« im kollektiven Bewusstsein zu verankern, ihre Sicht der Kolonialgeschichte festzuschreiben und als Sachwalterin der kolonialen Belange anerkannt zu werden. Das wurde allerdings immer schwieriger.

Organisatorisch war die Kolonialbewegung vielfältig aufgegliedert. 1920 gab es 69 Vereine für koloniale Angelegenheiten, bis hin zu Traditionspflege und Veteranenversorgung. Am größten und einflussreichsten war nach wie vor die Deutsche Kolonialgesellschaft, die eine Vorrangstellung beanspruchte und die Verbindung zur Politik suchte. Bei Kriegsende zählte sie gut 34 000 Mitglieder, 1925 nur noch 15 000, bevor die Zahl Ende der 1920er Jahre, als man eine Öffnung für breitere Kreise anstrebte, wieder auf rund 25 000 anstieg und von Anfang der 1930er

Jahre bis 1933 erneut leicht absank. Die Attraktivität war mithin im Vergleich zum Kaiserreich deutlich gesunken, hinzu kamen in der Krise von 1922/23 erhebliche finanzielle Probleme. An der Spitze der Kolonialgesellschaft stand von 1920 bis 1930 Theodor Seitz, der letzte Gouverneur von Deutsch-Südwestafrika, zahlreiche weitere ehemalige Gouverneure waren in ihr vertreten, so Theodor Leutwein, Friedrich von Lindequist, Albrecht von Rechenberg, Albert Hahl und Heinrich Schnee. Mitgliedschaft und Führungsgremien rekrutierten sich zunächst vor allem aus ehemaligen Kolonialbeamten, Vertretern kolonialer Wirtschaftsinteressen und Missionaren; Kolonialmilitärs spielten dagegen keine große Rolle. Für sie engagierte sich der 1922 ins Leben gerufene Kolonialkriegerbund, der bis 1924 von General Georg Maercker, dann von General Franz Ritter von Epp geführt wurde. Beide waren Kolonialveteranen, Freikorpsaktivisten 1919 und militante Republikgegner, Maercker war zugleich Mitglied des Stahlhelm, von Epp wirkte 1920 am Kapp-Lüttwitz-Putsch mit. Hinzu kam der 1909 gegründete, von Herzog Adolf Friedrich von Mecklenburg, ab 1912 letzter Gouverneur von Togo, über 1918 hinaus geleitete Verein Kolonialkriegerdank, der sich um die materielle Unterstützung von Kolonialveteranen kümmerte; im Juni 1921 hatte er 68 Ortsgruppen. Auch seine Mitgliederzahl ging von 5000 Mitgliedern vor dem Krieg auf 1400 im Jahr 1927 zurück. Weitere Vereine und Verbände widmeten sich spezifischen Aspekten der kolonialen Arbeit: Schon 1918 entstand unter der Leitung von Albert Hahl, dem letzten Gouverneur von Deutsch-Neuguinea, der Reichsbund der Kolonialdeutschen, der die Verbindung mit den in den ehemaligen Kolonien verbliebenen Auslandsdeutschen hielt und die Interessen der Kolonialdeutschen vertrat, zum Beispiel durch Entschädigungsforderungen, und 1921 auf über 4000 Mitglieder kam. 1924 gründete der Afrikaforscher Diedrich Westermann den Akademischen Kolonialbund, der im universitären Bereich für den Kolonialgedanken warb.

Auf Initiative der Kolonialgesellschaft schlossen sich die Kolonialvereine am 16. September 1922 in Halle zur Kolonialen Reichsarbeitsgemeinschaft (KORAG) zusammen, um die Arbeit zu koordinieren. Die praktische Tätigkeit der Kolonialvereine konzentrierte sich, abgesehen von konkreten rechtlichen und sozialpolitischen Aufgaben, auf die Werbung für Kolonien im Allgemeinen, die Widerlegung der Vorwürfe des Auslands und die Forderung nach Rückgabe der Kolonien im Besonderen. Dazu dienten Feiern wie 1924 zum 40. Jahrestag deutscher Kolonialpolitik sowie Vorträge, Ausstellungen, Filme, Unterrichtsmaterialien und vielfältiges Werbematerial bis hin zu Kolonialabzeichen, Kolonialpostkarten und Fahrradwimpeln, vor allem jedoch Publikationen, darunter die Vereinszeitschriften. Deren Auflagenzahlen sind allerdings nur unvollständig zu erschließen, sie waren offenbar konjunkturabhängig und entsprachen wohl etwa der jeweiligen Mitgliederzahl. Die Kolonialbewegung blieb unter sich.

Tatsächlich war, geht man vom Messbaren aus, die Attraktivität des Kolonialgedankens nicht sehr hoch. Insgesamt belief sich die Gesamtmitgliederzahl der Kolonialvereine Mitte der 1920er Jahre nominal auf rund 80 000. Die reale Zahl war niedriger, da viele in mehreren Vereinen organisiert waren, darunter das Führungspersonal. Heinrich Schnee zum Beispiel war nicht nur leitendes Mitglied und seit 1930 Vorsitzender der Deutschen Kolonialgesellschaft (bis 1936) und der KORAG, vielmehr leitete er auch andere Organisationen wie die Gesellschaft für koloniale Erneuerung und die Deutsche Weltwirtschaftliche Gesellschaft. Mithin erscheint die Mitgliederzahl der Kolonialvereine angesichts des hohen Organisationsgrades in der Weimarer Republik nicht sehr beträchtlich, und die Tendenz war fallend. Die Kolonialveteranen wurden älter, Nachwuchs blieb aus, und in den besseren

Jahren der Republik rückte die Kolonialfrage ohnehin an den Rand. Deshalb versuchte sich die Deutsche Kolonialgesellschaft seit den späteren 1920er Jahren sozial und politisch zu öffnen. So wählte sie 1931 den Kölner Oberbürgermeister Konrad Adenauer zum stellvertretenden Präsidenten, weitere Politiker und Gewerkschafter wurden in die Arbeit einbezogen. 1929 entstand unter Leitung des linksliberalen Politikers und ehemaligen Reichsministers Wilhelm Külz der Bund für koloniale Erneuerung; als Vizepräsidenten fungierten ein Gewerkschaftsfunktionär und der sozialdemokratische Reichstagsabgeordnete Max Cohen-Reuß. Der Bund wandte sich besonders an die Arbeiterschaft.

Ein gravierendes Problem blieb die Jugendarbeit. Einer zunehmend auf Tat und Bewährung abzielenden Jugend konnten die Kolonialveteranen mit der stereotypen Forderung nach Rückgabe der fremd gewordenen Überseegebiete wenig bieten. 1924 setzte die KORAG daher einen Kolonialen Jugendausschuss ein, der die Jugendzeitschrift *Jambo* (Swahili-Grußformel) herausgab. Seit 1925 erschien sie monatlich. Das von klaren Vorstellungen über die Hierarchie der Rassen ausgehende Blatt mischte Abenteuergeschichten mit geographischen Informationen und Berichten aus den ehemaligen Kolonien, manchmal auch mit afrikanischen Erzählungen und garnierte dies mit politischen Merksätzen, wie etwa einem Ausspruch Hindenburgs über die Notwendigkeit von Kolonien. Sehr erfolgreich war die Zeitschrift offenbar nicht. Mitte der 1920er Jahre intensivierte die Kolonialbewegung noch einmal die Jugendarbeit, die Vereine richteten Jugendgruppen ein, die seit 1926 Reichstagungen veranstalteten; 1928 entstand der Bund deutscher Kolonialpfadfinder. Mit Körperertüchtigung und Geländespielen wollten derartige Gruppen unter bündisch orientierten Jugendlichen Anhänger gewinnen. 1931 wurde das Jugendamt der Deutschen Kolonialgesellschaft geschaffen, das die Gründung eines Bundes deutscher Kolonialjugend vorbereiten sollte. Doch waren die konkurrierenden Angebote, nicht zuletzt der NSDAP, für die junge Generation der Zwischenkriegszeit weitaus attraktiver, zumal sie nicht mit den aus Sicht der völkischen Propaganda gescheiterten alten Eliten des Kaiserreichs in Verbindung standen. Auch die Hoffnungen, welche die Kolonialvereine auf Schulen und Lehrer gesetzt hatten, erfüllten sich nicht. So hatte die Kolonialgesellschaft 1920 400 Schulen angeschrieben und angeboten, Redner zur Verfügung zu stellen. Nur zehn Schulen antworteten, zwei Vorträge kamen zustande. Zwar wurde die Kolonialfrage in den Schulstoff aufgenommen, doch blieb die Gestaltung umstritten. Noch 1931 untersagte der preußische Kultusminister Adolf Grimme Kolonialwerbung an den Schulen, erlaubt war lediglich die Behandlung des Themas im Unterricht.

Die Parteien hatten eine gebrochene Einstellung zur kolonialen Frage. Im Prinzip blieb es zwar bei der Forderung nach Rückgabe der Kolonien, nur die KPD lehnte eine Revision rundweg ab. Doch rechnete man immer weniger damit, dass dieses Ziel zu erreichen war. Die Parteien der Rechten nutzten die Kolonialfrage im Rahmen ihrer Mobilisierung über den Kampf gegen Versailles, das hatte allerdings primär instrumentellen Charakter. Politiker der anderen wichtigeren Reichstagsparteien waren an der 1925 von Heinrich Schnee ins Leben gerufenen und geleiteten Interfraktionellen Kolonialen Vereinigung beteiligt. Dabei handelte es sich allerdings um einzelne interessierte Parlamentarier, die nicht die Hauptlinie der Partei bestimmten, darunter Wilhelm Külz in der linksliberalen Deutschen Demokratischen Partei sowie Cohen-Reuß und Gustav Noske in der SPD. Die Mehrheit in der SPD war skeptisch. Am entschiedensten setzte sich die rechtsliberale Deutsche Volkspartei für den Kolonialrevisionismus ein; ihr kolonialpolitischer Sprecher war Heinrich Schnee. Die deutsche Außenpolitik hielt im Prinzip an den Restitutionsforderungen fest und protestierte beispielsweise 1925, als eine administrative Einverleibung von Ruanda und Urundi in den belgischen Kongo vorbereitet wurde, oder 1929, als die Verschmelzung Tanganjikas (des nunmehr britischen Teils von Deutsch-Ostafrika ohne Sansibar) mit den Kolonien Kenia und Uganda drohte. Aber auch der DVP-Politiker Gustav Stresemann stellte als Außenminister im konkreten Zweifelsfall diesen Anspruch hinter andere Interessen, etwa die Verhandlungsposition gegenüber England, zurück. Das gilt selbst für den auf Stresemann 1929 folgenden Außenminister Julius Curtius, der nicht nur gleichfalls der DVP, sondern auch der Deutschen Kolonialgesellschaft angehörte. Tatsächlich bemühte sich die Kolonialgesellschaft um eine pragmatische Vorgehensweise unter Berücksichtigung der außenpolitischen Opportunität. Sie schien zum Verzicht auf die chinesischen und pazifischen Gebiete bereit und deutete sogar Nachgiebigkeit im Fall Südwestafrika an.

Kolonialkultur und Nationalsozialismus

Unter diesen Umständen geriet die Kolonialbewegung zunehmend in eine prekäre Lage, auch wenn die Kolonialgesellschaft auf die Zusammenarbeit mit Regierung, Parteien und Reichstag setzte und ein wachsendes Interesse an den Kolonien in der Bevölkerung meinte erkennen zu können. Aber die eigene Wirkung wurde schöngeredet oder überschätzt. Nachdem man noch einmal große Hoffnungen auf den Regierungswechsel von 1930 und die Wende zum Präsidialsystem gesetzt hatte, wurde am Ende der Republik zunehmend Resignation spürbar. Namentlich kleinere, radikalere Kolonialvereine trieben die Kolonialbewegung nun vollends in die Gegnerschaft zur Republik und forcierten die aus dem Kaiserreich herrührende koloniale

Dolchstoßlegende, wonach Reichsregierung und Reichstag den Kolonialpionieren in den Rücken gefallen seien. Der Popularität des kolonialen Gedankens konnte das allerdings nicht mehr helfen. In zweierlei Hinsicht prägte sich die koloniale Erinnerung dennoch dauerhaft ins kollektive Bewusstsein ein.

Das eine waren die Kolonialdenkmäler, die nach 1918 in größerer Zahl als zuvor entstanden, um die Erinnerung an die verlorenen Überseegebiete zu bewahren und die Forderung nach Revision zu demonstrieren. Strittig waren allerdings oft Motiv und Standort. Das gilt an erster Stelle für aus den Kolonien zurückgeführte Objekte. Darum kümmerte sich ein von der Reichsregierung eingesetztes Komitee zur Aufstellung der Denkmäler aus den Kolonien. Der Stadt Hamburg, die mit der deutschen Überseegeschichte besonders verbunden schien, wurden 1922 drei Denkmäler aus den Kolonien angeboten: das Wissmann-Denkmal aus Daressalam, ein für Jaunde in Kamerun angefertigtes, dort auch 1914 hintransportiertes, aber nicht mehr zur Aufstellung gekommenes Dominik-Denkmal und ein für Daressalam vorgesehenes, aber ebenfalls nicht mehr errichtetes Peters-Denkmal. Nach kontroversen Diskussionen in Senat und Öffentlichkeit Hamburgs, bei denen es namentlich um Peters ging, kam es vorerst nur zur Wiedererrichtung der Figur Wissmanns mit Askari und Löwe vor der Hamburger Universität. Das Peters-Denkmal wurde erst 1931 auf Helgoland wieder aufgestellt. In Bremen regte die Kolonialbewegung seit 1925 die Errichtung eines zentralen Reichskolonialehrenmals an, das dem vom Reich geplanten Reichsehrenmal für die Toten des Ersten Weltkriegs an die Seite treten und so den Platz der Kolonien im kollektiven Gedächtnis festigen sollte. Von Bremer Sozialdemokraten wurde das Projekt kritisiert. Das am 6. Juli 1932 eingeweihte, etwa sieben Meter hohe Monument stellte einen afrikanischen Elefanten dar. Aus Klinkern gemauert, stand er auf einem großflächigen Sockel, unter dem sich eine Krypta als Gedächtnisstätte befand. Plaketten für Adolf Lüderitz und Paul von Lettow-Vorbeck machten die Zielrichtung deutlich, bei der Einweihungsfeier, an der Lettow-Vorbeck selbst in Schutztruppenuniform teilnahm, dominierten wie bei der Einweihung des Hamburger Wissmann-Denkmals die schwarz-weiß-roten Farben des Kaiserreichs und revisionistische Töne. So spiegelten die Denkmalprojekte nicht nur den Streit um eine angemessene Erinnerung an die Kolonien, sondern auch die Zerrissenheit der politischen Kultur von Weimar. Namensgebungen, die an die Kolonien und die Kolonialpioniere erinnerten, ergänzten die koloniale Erinnerungslandschaft in den 1920er Jahren, situierten die Kolonien im deutschen Alltagsbewusstsein und fixierten sie im kollektiven Gedächtnis.

Neben der Symbolik trug die Kolonialbelletristik dazu bei, weit über die Kolonialbewegung hinaus Bilder und Mythen kolonialer Vergangenheit zu bewahren. In der Zwischenkriegszeit erlebte sie eine neue Blüte. Abenteuer- und Heldengeschichten aus den Kolonien, Bücher wie Lettow-Vorbecks an die Jugend adressierter Erinnerungsroman *Heia Safari!* (1920) oder die Veröffentlichungen des Schriftstellers Hans Grimm fanden eine breite Leserschaft. Grimm, ein ehemaliger Kaufmann mit Südafrika-Erfahrung, der schon vor 1914 koloniale Themen literarisch präsentiert hatte, war 1917 vom Reichskolonialamt beauftragt worden, die Geschichte der Kamerun- und Togo-Deutschen zu schreiben. 1918 erschien das Werk als scheindokumentarisches Tagebuch unter dem Titel *Der Ölsucher von Duala*. Der Held, ein 26-jähriger Hamburger Kaufmannssohn, wurde auf der Suche nach Ölvorkommen vom Krieg überrascht und kam in französischer Gefangenschaft um. Die hier zutage tretenden fortschritts-, industrie- und großstadtfeindlichen Tendenzen wurden noch deutlicher in Grimms Roman *Volk ohne Raum*, der 1926 erschien. Auch hier suchte ein junger deutscher Held, Cornelius Friebott, der vor Raumnot und Überbevölkerung im zivilisatorisch verkommenen Europa geflohen war, in Südafrika und dann Deutsch-Südwestafrika Herausforderung, Kampf und Bewährung. Nach dem Krieg zurückgekehrt nach Deutschland, warb er für Erneuerung und Kolonien und wurde schließlich 1923 von einem sozialistischen Arbeiter erschlagen. Nationales Bewusstsein, Heimatverbundenheit und Heldentum verbanden sich in den Protagonisten, die ihr Leben für ihre Ideale und ihre Nation einsetzten. Die Ideologie war nicht eigentlich nationalsozialistisch, aber enthielt zahlreiche Elemente und Topoi des völkischen Blut-und-Boden-Denkens. Vor allem lieferte der Titel *Volk ohne Raum* der nationalsozialistischen Agitation ein wirkungsvolles Stichwort, das fortan – auch seines ursprünglichen Afrikabezugs beraubt – für Überbevölkerungsängste, Versailles-Revisionismus und Ostraumexpansion genutzt werden konnte. Parallel zum Aufstieg der Nationalsozialisten erlebte die Kolonialliteratur noch einmal einen beträchtlichen Aufschwung, der seit 1933 auch propagandistisch und politisch gefördert wurde. Gustav Frenssens Roman *Peter Moor* erreichte bis zum Ende der NS-Zeit eine Gesamtauflage von 433 000 Exemplaren, Grimms *Ölsucher von Duala* kam auf 287 000, *Volk ohne Raum* auf 650 000 verkaufte Exemplare.

Dennoch war die Kontinuität über das Jahr 1933 hinaus ebenso wenig ungebrochen wie das Verhältnis der Kolonialbewegung zur NSDAP Adolf Hitlers. Das Programm der Partei vom Februar 1920 forderte zwar Land (»Kolonien«) als Nahrungsmittelreserve und zur Ansiedlung eines deutschen Bevölkerungsüberschusses. Auch beharrten NS-Publikationen vor 1933 auf dem Rechtsanspruch auf Rückgabe der Kolonien. Seit Mitte der 1920er Jahre aber war deutlich, dass Hitler vornehmlich an einer Expansion in Osteuropa interessiert war, und 1931 erweckte er in einem Interview mit einer englischen Zeitung den Eindruck, er wolle dafür auf die Überseekolonien verzichten. Angesichts der Erfolge der NSDAP unterstrich auch die Kolonialbewegung am Ende der Republik die Notwendigkeit, Raum für die übervölkerten Teile Deutschlands zu gewinnen. Die Deutsche Kolonialgesellschaft erklärte allerdings die Möglichkeiten einer Kolonisierung in Osteuropa für begrenzt. Vielmehr sollten die erwerbslosen Massen in die freien Räume Afrikas gelenkt werden. Beim Regierungswechsel vom Januar 1933 setzte die Kolonialbewegung auf den Koalitionspartner der Nationalsozialisten, die Deutschnationale Volkspartei, und auf den Vizekanzler Franz von Papen. Vor der Gleichschaltung bewahrte das nicht, allerdings zog sich diese in Etappen noch drei Jahre lang hin. 1933 trat an die Stelle der KORAG ein neu geschaffener Reichskolonialbund, der Mitte der 1930er Jahre auf 6809 Ortsverbände und über eine Million Mitglieder kam. Die kolonialen Jugendorganisationen wurden in die Hitlerjugend überführt. Als »Kolonialscharen« mit besonderem Abzeichen blieben sie erkennbar und konnten ihre Identität pflegen. Auch stand Heinrich Schnee als Leiter des Reichskolonialbundes weiter an der Spitze der Kolonialbewegung, die Kolonialgesellschaft konnte bis 1936 fortbestehen. Nunmehr erst wurde die Gleichschaltung vollendet, und Schnee wurde durch Franz Ritter von Epp abgelöst. Als Veteran der Schutztruppen und Leiter des 1934 aus einem Kolonialpolitischen Referat hervorgegangenen und damit aufgewerteten Kolonialpolitischen Amtes der NSDAP symbolisierte von Epp die Kontinuität der kolonialpolitischen Ziele ebenso wie die Integration der Kolonialbewegung in den NS-Staat.

Zudem konnte sich die Kolonialbewegung durch die Aufwertung in Öffentlichkeit und Politik bestätigt sehen. Als Reichskanzler unterstrich Hitler mehrfach die Forderung nach kolonialer Restitution, seit 1935 wurden koloniale Ambitionen auch als außenpolitisches Instrument eingesetzt. Im Inneren wurde die Werbung für die Kolonien vom neuen Reichserziehungsministerium nicht nur geduldet, sondern seit Mitte der 1930er Jahre gefördert, etwa indem die Jugendzeitschrift *Jambo* als Unterrichtsmaterial empfohlen wurde. Zudem wurden Autoren wie Frenssen nun offiziell hofiert, und die Nationalsozialisten entfalteten einen beispiellosen Kult um die kolonialen Heroen, an erster Stelle Carl Peters. Zahlreiche Straßen, Plätze und Institutionen erhielten die Namen von Kolonialpionieren, und man konnte sogar den Vorschlag hören, so wie Rhodesien nach dem britisch-südafrikanischen Pionier Cecil Rhodes benannt sei, möge Deutsch-Ostafrika künftig »Petersland« heißen (Diel, 1939, S. 109). In Hannover entstand ein neues Denkmal für Peters. Das Düsseldorfer Kolonialdenkmal wurde 1935 an einen öffentlich zugänglichen Raum versetzt und das schon 1922 für Hamburg vorgesehene Dominik-Denkmal aus Kamerun 1935 nahe dem Wissmann-Denkmal errichtet. Ein weiteres Dominik-Denkmal aus Kribi kam im September 1935 in Frankfurt an der Oder zur Aufstellung. An den Kolonialdenkmälern fanden nun regelmäßig Feiern und Gedenkstunden statt. Das Ehrenmal in Bremen stand im Mittelpunkt, wollte die Stadt doch zur »Stadt der Kolonien« aufsteigen. All das bedeutete freilich nicht, dass sich das »Dritte Reich« in die Tradition der Kolonialbewegung stellte; an eine Kolonialpolitik in alter Form war nicht gedacht. Vielmehr monopolisierte die NS-Propaganda die Kolonialerinnerung, um die kolonialen Heroen und Mythen in den Kult des neuen Regimes zu integrieren. Die Kolonialpioniere galten als Vorbilder kriegerischer Tugenden und echten Deutschtums, ihr Heroismus sollte als Muster für die aktuellen, freilich anders gerichteten Aufgaben dienen. Als Walter Frank, bis 1941 Präsident des Reichsinstituts für Geschichte des neuen Deutschlands, 1943/44 die *Gesammelten Schriften* von Carl Peters herausgab und dabei dessen »kolonial- und weltpolitische Konzeption« hervorhob, ihn auch als »Knecht einer großen Mission« und »Diener eines imperialen Traumes« rühmte (Peters, 1943, Bd. 1, S. 4, 12), war längst klar, dass für die Nationalsozialisten der Raumgewinn im Osten absolute Priorität hatte. Ein deutsches Mittelafrika tauchte in den nationalsozialistischen Zukunftsentwürfen nun als kontinentumspannender Wirtschafts- und Arbeitsraum auf, bei strikter rassischer Trennung. Vorbereitungen für ein künftiges deutsches Kolonialreich, die eine entsprechende Beamtenausbildung und Gesetzentwürfe bis hin zu einem »Kolonialblutschutzgesetz« (1940) einschlossen, blieben freilich ohne Bedeutung. Mit romantischen Träumen von Erschließung und Siedlung, von Gemeinschaftsgeist und freiem Pflanzerleben, wie sie Louise Diel noch nach Kriegsausbruch 1939 in ihrem Reisebericht *Die Kolonien warten!* ausdrückte, hatte das nicht mehr viel zu tun. Seit 1941 wurde die Kolonialagitation beschränkt, im Januar 1943 stellten das Kolonialpolitische Amt und der Reichskolonialbund ihre Tätigkeit ganz ein.

11
Die Kolonien im kollektiven Gedächtnis

Auseinandersetzungen um die deutsche Kolonialvergangenheit

In der Frühzeit von Bundesrepublik und DDR spielten die Kolonien im öffentlichen Bewusstsein keine bedeutende Rolle mehr. Allerdings erhoben einzelne westdeutsche Politiker in den 1950er Jahren die Forderung, die Bundesrepublik erneut mit kolonialen Aufgaben zu betrauen, zum Beispiel in Form einer Treuhandverwaltung von Togo und Tanganjika. Bei der Beerdigung Paul von Lettow-Vorbecks 1964 hielt der Verteidigungsminister Kai-Uwe von Hassel eine Ansprache; eine solche Ehre war bislang keinem Kolonialveteran zuteil geworden. Die DDR dagegen distanzierte sich von der Kolonialgeschichte, die sie in den Zusammenhang von Kapitalismus, Imperialismus und Faschismus einordnete. Mit den sichtbaren Erinnerungszeichen der Kolonialherrschaft ging man in den beiden Teilen Deutschlands daher unterschiedlich um. In der Sowjetischen Zone und dann in der DDR wurden die vom Krieg verschonten kolonialen Relikte beseitigt. Als eines der letzten Objekte musste 1951 ein Gedenkstein weichen, der 1931 in Neuhaus vor Peters' Geburtshaus aufgestellt worden war. In Westdeutschland dagegen blieben koloniale Denkmäler und Straßennamen in der Regel erhalten. Beseitigt wurden allenfalls – aber nicht überall – diejenigen kolonialen Zeichen, die aus der NS-Zeit stammten. So machte Bremen die nach 1933 vorgenommenen Namensgebungen nach Carl Peters und Lüderitz rückgängig, nicht dagegen entsprechende Benennungen der Weimarer Zeit. Das bei einem Bombenangriff vom Sockel gestürzte Wissmann-Denkmal in Hamburg wurde 1949 sogar wieder aufgerichtet. Über die Rekonstruktion des Helgoländer Peters-Denkmals, das im Krieg für den Metallbedarf abgebrochen und teilweise schon zerkleinert worden war, setzte in den 1950er Jahren eine breite Debatte ein. Schließlich wurde 1966 nur die Büste an einem abgelegenen Standort auf Helgoland wieder aufgestellt. Generell richtete sich das kollektive Gedächtnis in Deutschland immer stärker auf das »Dritte Reich« aus. Für die Erinnerung an die deutsche Kolonialgeschichte blieb dabei wenig Raum.

Seit den 1960er Jahren begann sich das zu ändern. Im Zuge der antiimperialistischen Bestrebungen der Studentenbewegung und der Solidarität mit den Befreiungsbewegungen in der Dritten Welt rückte auch die deutsche Kolonialvergangenheit wieder in den Blick. An den Kolonialsymbolen entzündeten sich nun scharfe Konflikte. So stürzten Hamburger Studenten 1968 die Denkmäler für Dominik und Wissmann von ihren Sockeln. Der Denkmalsturz galt nicht nur der deutschen Kolonialvergangenheit, sondern dem System von Staat und Universität in der Bundesrepublik. Zunehmend wurde der westdeutsche Nachkriegsmythos infrage gestellt, dass der Nationalsozialismus nur ein durch die radikale Hitler-Bewegung ausgelöster Unfall der deutschen Geschichte gewesen, die Tradition von Nationalstaat und Militär in Deutschland hingegen unbefleckt geblieben sei. Mehr und mehr wurde auf Kontinuitäten hingewiesen und der Nationalsozialismus in den Zusammenhang der kapitalistischen Entwicklung und des Imperialismus gestellt. Die Thesen des Historikers Fritz Fischer zur deutschen Verantwortung für den Ersten Weltkrieg stießen eine Diskussion über die unheilvollen Traditionen der deutschen Geschichte an und führten zu Debatten über einen deutschen Sonderweg. Die Abkehr vom Modernisierungspfad des Westens habe die Rückständigkeit der politischen Kultur in Deutschland bedingt und autoritäre, am Ende rassistische Krisenlösungen hervorgerufen. Auch die deutsche Kolonialpolitik mit ihren in Trothas Verhalten hervorgetretenen Auswüchsen konnte hier eingefügt werden.

Diese Perspektive lenkte eine Neuorientierung der Forschung. Der zunächst zögerliche, dann abrupt wirkende Übergang des Bismarck-Reichs zur Kolonialpolitik erschien nunmehr als Konsequenz einer problematischen und verzögerten Modernisierung und damit als Ausdruck einer sozialimperialistischen, von innenpolitischen Erwägungen getragenen Krisenstrategie. Eine Reihe von wissenschaftlichen Arbeiten nahm seit dem Ende der 1960er Jahre und in den 1970er Jahren die in den beiden Jahrzehnten zuvor in der Bundesrepublik wenig beachtete Kolonialgeschichte in den Blick und beleuchtete unter gesellschaftshistorischer Perspektive die Zusammenhänge von Wirtschaftsinteressen, Sozialstruktur und Verwaltungssystem in den Kolonien. Bislang vernachlässigte Aspekte wurden behandelt, und Annäherungen an die Fragestellungen der auf diesem Feld schon länger engagierten Forschung in der DDR bahnten sich an. Auch auf die Aufstände in Ost- und Südwestafrika fiel neues Licht. Allerdings wurde das Augenmerk besonders auf die ökonomischen Auswirkungen kolonialer Herrschaft gelegt, die demgemäß auch als primäre Ursache von Widerständen erschienen. Kulturelle Veränderungen rückten weniger in den Blick, und Heterogenität wie Divergenzen innerhalb der unterworfenen Bevölkerung und der Aufständischen fanden ebenfalls nur geringe Aufmerksamkeit.

Über die in der öffentlichen Diskussion und der Wissenschaft nun dominierende kritische Einstellung zur kolonialen Vergangenheit konnte übersehen werden, dass auch eine affirmative Tradition fortbestand. So gedachten Institutionen der Bundeswehr im Rahmen militärischer Traditionspflege weiterhin der Schutztruppen. Lokale Initiativen und Kameradschaften ehemaliger Schutztruppensoldaten hielten ebenfalls die Erinnerung wach. Schon im

Juni 1956 hatten Kameradschaften aus Deutschland und Südwestafrika den Traditionsverband ehemaliger Schutz- und Überseetruppen gegründet, um »die in einer vergangenen Zeit gemeinsamer Leistungen und Opfer in einer fernen Welt der Palmen, Steppen und Wüsten erlebte Kameradschaft weiter zu pflegen« (www.traditionsverband.de, 19. März 2004). Auch dieser Verband hatte wie die Revisionsverbände der Weimarer Zeit mit Nachwuchsproblemen zu kämpfen. Um den Charakter des Veteranenverbandes zu überwinden, wurde 1983 der Vereinsname um den Zusatz »Freunde der früheren deutschen Schutzgebiete« ergänzt. Dennoch hatte der Verband in den 1990er Jahren nur noch wenige hundert Mitglieder in Deutschland und Namibia. Zweck der Vereinstätigkeit war und ist nicht zuletzt das Bemühen um eine »der Wahrheit verpflichtete Berichterstattung« und die »Korrektur wahrheitswidriger Darstellungen« (Satzung vom 17. Oktober 1992). Dabei geht es besonders um die publizistische Apologie des deutschen Vorgehens in den Kolonien, an erster Stelle in Südwestafrika. Die deutsche Kolonialpolitik wird als human charakterisiert, sie habe den Weg zu Entwicklung und Fortschritt geebnet.

Kolonialerinnerung und Nationsbildung in den ehemaligen Kolonien

Was in Deutschland lange marginal erschien, blieb für Namibia von fortwährender Bedeutung. Die Nachkommen der deutschen Südwestafrika-Siedler konnten sich durch den Traditionsverband in ihrer Sicht auf Vergangenheit und Gegenwart bestärkt fühlen. Sie hatten eine wechselvolle Geschichte hinter sich. Während des Zweiten Weltkriegs waren die deutschen Sympathisanten des Nationalsozialismus, deren Zahl wohl nicht gering war, interniert worden. 1944 wurden fast alle deutschstämmigen Siedler nach Deutschland ausgewiesen, erst nach 1948 konnten sie zurückkehren. In einem sich verändernden, auch sich industrialisierenden Land war ihre wirtschaftliche und soziale Bedeutung geringer als zuvor. Umso enger schlossen sie sich zusammen und pflegten ihre kulturellen Traditionen. Die Erinnerungszeichen der deutschen Kolonialzeit, Gebäude, Straßennamen und Denkmäler wie der »Reiter von Südwest«, hatten die Zeitläufte unbeschadet überstanden. Auch der Niederschlagung der Aufstände von 1904/05 konnte nach wie vor gedacht werden. Eine jährliche Feier am Waterberg, die von den Deutschen erstmals am 10. August 1923 begangen worden war und an die Gefallenen und den Sieg von 1904 erinnerte, trug zur Festigung von Zusammenhalt und kollektiver Identität bei.

Scheinbar ungebrochen ist auch die Traditionspflege der Herero, die, wie gesehen, ebenfalls seit 1923 im August jeden Jahres eine Gedenkfeier veranstalten. Im Mittelpunkt steht eine von religiösen und politischen Autoritäten geleitete Prozession mit bis zu 3000 Teilnehmern, die durch Okahandja und an den Gräbern von Samuel Maharero, seinen Vorfahren und anderen Herero vorbeiführt. Die Gräber verbinden christliche Symbolik mit traditionalen Gestaltungselementen, ebenso wiesen und weisen die Gedenkfeiern synkretistische Formen auf. Der Zug selbst ist in hierarchisch gegliederte Gruppen unterteilt, die durch Flaggen und Uniformen gekennzeichnet sind, und imitiert Rituale, die auf die deutschen Schutztruppen zurückgehen. Die Kleidung greift einzelne Elemente auch deutscher Kolonialuniformen auf, bis hin zu den Südwester-Hüten der Schutztruppen. Imitate von Ehrenzeichen und Holzgewehre runden das Erscheinungsbild ab. Die Prozession führt auf dem Friedhof der Rheinischen Missionsgesellschaft auch an deutschen Gräbern vorbei, die dabei berührt werden. Diese Riten stehen für den Versuch, die Kriegserfahrungen zu bewältigen und Gemeinschaft zu festigen, aus gemeinsamen Belastungen eine Tradition zu formen, die mit dem Ahnenkult verbunden wird. Der Gedenktag spiegelt insofern das Bemühen um die Behauptung nationaler Identität im Prozess der politischen Integration Namibias.

Riten und Abläufe des Herero-Gedenktages zeichnen sich durch beträchtliche Flexibilität aus. Neue Ereignisse wurden einbezogen, auch die Gräber von im Widerstand gegen Südafrika Getöteten im Prozessionszug berücksichtigt. Seit den späten 1970er Jahren öffnete sich der Herero-Kult zu den Waterberg-Gedenkveranstaltungen hin. Herero-Vertreter nahmen an der Waterberg-Feier teil, deutschstämmige Siedler am Herero-Gedenktag. Im August 1984 wurde im Rahmen der Waterberg-Feier am Schutztruppenfriedhof eine Gedenktafel für die in der Schlacht gefallenen Herero angebracht. Das bedeutete freilich keine Revision der Waterberg-Erinnerung. Aus Sicht der Deutschen handelte es sich nach wie vor um die Schlacht zweier Heere, an deren Ende die Herero die Flucht und damit die Selbstzerstörung in der Wüste gesucht hätten. Hinter der Annäherung standen vielmehr auch die gemeinsamen Bemühungen um die Ablösung von Südafrika und die politische Unabhängigkeit, die seit 1975 in der so genannten Turnhallen-Konferenz vorbereitet werden sollte. Konkurrent der Herero ebenso wie der Deutschen war dabei die 1960 gegründete und von Sam Nujoma geführte South West African People's Organisation (SWAPO), die auf eine Organisation der im Norden ansässigen Wanderarbeiter der Ovambo zurückging und 1974 von der UN-Vollversammlung als einzige legitime Vertreterin der Bevölkerung des Landes anerkannt worden war, von Herero und Deutschen aber als marxistische, sowjetisch infiltrierte Organisation angesehen wurde. Der wechselvolle Umgang mit der belasteten Vergangenheit spiegelte insofern auch aktuelle Konflikte um den Platz einzelner Gruppen in einer neuen namibischen Nationalidentität.

Diese Probleme hielten über den Prozess der Unabhängigkeit hinaus an, der mit der Einsetzung einer Übergangsregierung 1985 beschleunigt voranschritt. Im August 1986 enthüllten die Herero bei ihren Feiern in Okahandja einen Gedenkstein, der die Herero-Häuptlinge und -Helden ehrte. Damit unterstrichen sie ihre Bedeutung in der nun national verstandenen Geschichte. 1989 fanden die ersten freien Wahlen statt, 1990 erhielt Namibia formal die Unabhängigkeit, erster Staatspräsident wurde Sam Nujoma. Im Zuge der Bemühungen um nationale Versöhnung schlug eine von Namibia-Deutschen und christlichen Kirchen getragene Initiative vor, den »Reiter von Südwest« um eine Gedenktafel für die Opfer der Herero- und Nama-Kriege zu ergänzen, andere Vorschläge zielten auf ein besonderes Denkmal für die nichtdeutschen Opfer. Daran entzündeten sich kontroverse Debatten, die deutlich machten, dass die Konflikte der Vergangenheit die Integration zu einer namibischen Nation nach wie vor belasteten. Die Herero-Nama-Aufstände eigneten sich schlecht dazu, als Gründungs- oder Befreiungsmythos in die nationale Geschichte eingegliedert zu werden. Zu sehr standen sie für innere Konflikte, etwa zwischen Nama und Herero oder Ovambo und Herero, zu deutlich offenbarten sie die fließenden Übergänge zwischen Kollaboration und Widerstand und die wenig heroischen Realitäten der kolonialen Vergangenheit. Die SWAPO und Nujoma verhielten sich in dieser Frage zurückhaltend. Nujoma, selbst kein Herero, pflegte zwar in symbolischen Akten auch im Ausland die Herero-Erinnerung, im Inneren aber bemühte er sich, so schon 1990 mit der Schaffung eines »Heroes Day«, der an alle Toten von Widerständen und Befreiungskämpfen erinnern sollte, eine die Konflikte der Vergangenheit überwölbende Gedenkform zu finden.

Auch die symbolische Erinnerungslandschaft nahm die Herero- und Nama-Aufstände nicht direkt in den Blick, selbst seit sich die Regierung Nujomas um eine deutlichere

Abgrenzung von der kolonialdeutschen Tradition bemühte. So wurden im August 2003 die Waterberg-Feiern der Namibia-Deutschen verboten. Auch mussten zahlreiche deutsche Straßennamen weichen. In mehreren Städten wurden Hauptstraßen nach Sam Nujoma umbenannt, in Swakopmund verschwand dabei der Name »Kaiser-Wilhelm-Straße«. In der Hauptstadt Windhoek wurde eine Straße nach dem kubanischen Präsidenten Fidel Castro benannt; dies ergänzt die an die Präsidenten Zimbabwes und Südafrikas, Robert Mugabe und Nelson Mandela, erinnernden Straßen. Weitere Namen verweisen auf Politiker der Befreiungsbewegung und der nachkolonialen Regierung. Nicht nur in symbolischen Fragen, auch in der Frage des Landeigentums erhöhte die Regierung den Druck auf die weiße Minderheit. Die immer deutlicheren Drohungen, im Rahmen einer Bodenreform weißes Farmland zu enteignen, zeugten wie die Umbenennungen von dem Versuch, eine Basis postkolonialer Identität zu finden, ohne die eigene Geschichte von Mitwirkung, Kollaboration, Widerstand und Krieg präzise zu erarbeiten. Der 2002 bei Windhoek als Landschaftsdenkmal angelegte »Heroes Acre« gliedert die Aufstandsführer der deutschen Kolonialzeit unterschiedslos in die Vorgeschichte der Unabhängigkeitsbewegung ein. Sam Nujoma sah in der Politik des Integrierens und Vergessens ein Muster für den Umgang mit der Kolonialvergangenheit überhaupt: »Das neue Namibia und das neue Deutschland beschäftigen sich nicht mehr mit der Vergangenheit. Wir lassen die traurige Geschichte hinter uns zurück und arbeiten fortschrittlich zusammen« (so im November 2002 in einem Interview; zit. nach: Zimmerer/Zeller, 2016, S. 218). Die Konflikte um Vergangenheit und Erinnerungssymbolik waren damit freilich noch nicht beendet; namentlich das Reiterdenkmal in Windhoek stand in der Kritik. 2009/10 schließlich wurde es in Zusammenhang mit dem Neubau eines »Independence Museum« versetzt. Dieses Museum, das 2014 eröffnet wurde, unterstreicht den Weg zur nationalen Erhebung und Integration und lässt die Geschichte der Ethnien dahinter zurücktreten. Das Reiterdenkmal befindet sich seitdem auf dem Hof der Alten Feste in Windhoek und ist öffentlich nicht zugänglich. Unter Hage Geingob, der 2015 das Amt des Staatspräsidenten in Namibia angetreten hatte, wurde die Beseitigung verbliebener deutscher Symbole und auch kolonialzeitlicher Gebäude weiter forciert.

Auch in Tansania, dem ehemaligen Deutsch-Ostafrika, zeigte sich, dass eine allzu genaue Bezugnahme auf die Geschichte des Widerstands eher innere Konflikte offenlegte als nationale Integration förderte. Als Tansania auf dem Weg zur Unabhängigkeit war, zeichnete der Führer der Tanzanian African National Union, Julius Nyerere, 1956 in einer Rede vor der UNO den Maji-Maji-Aufstand als nationalen Freiheitskampf der Völker Tansanias. Auch nach der Unabhängigkeit 1961 berief sich Nyerere, mittlerweile Staatspräsident, in Reden wiederholt auf den Maji-Maji-Aufstand, den er weiterhin als Muster gemeinsamen Widerstandes und als Gründungserlebnis der tansanischen Nation würdigte. Doch tat er das weit seltener, als es die Bedeutung des Aufstandes im kollektiven Gedächtnis nahe legen mochte, und er vermied die explizite Erwähnung einzelner Personen und Volksgruppen. Vielmehr beschränkte er sich darauf, Maji Maji in allgemeiner Form als Symbol gemeinsamer Ursprünge aus dem Geist des Widerstandes zu nutzen. In weit größerem Maß gründete er seine Einheitsrhetorik auf die als traditional und panafrikanisch verstandenen Ideale »Uhuru« (Swahili für »Freiheit, Unabhängigkeit«), »Umoja« (»Einheit«) und »Ujamaa« (»Familienverbund, Brüderlichkeit«), aus denen er sein Konzept eines dörflichen Sozialismus ableitete. Der Versuch dagegen, um Maji Maji einen Ursprungsmythos zu schaffen, musste an den Realitäten scheitern. Das wurde deutlich, als nach der Unabhängigkeit Tansanias national gesinnte Historiker versuchten, dem jungen Staat zu einer Tradition zu verhelfen und darin den Maji-Maji-Aufstand zu integrieren. In einem methodisch innovativen Oral-History-Projekt wurden 1968 im Süden Tansanias insgesamt 260 Personen nach ihrer Erinnerung an den Aufstand befragt. Dabei trat drastisch hervor, wie polarisierend der Krieg gewirkt, wie viele innere Konflikte und wie große Not er mit sich gebracht hatte, wie belastend die Erinnerung noch war. Als heroisches Gründungs- und Gemeinschaftserlebnis taugte er aus dieser Perspektive ebenso wenig wie der Widerstand in Südwestafrika.

Dahinter steht die Frage, in welcher Weise die gemeinsame Kolonialvergangenheit, auf die die Grenzen der neuen Staaten zurückgehen, auch qualitativ zur Nationsbildung beitragen kann und ob die ambivalenten Erfahrungen der Kolonialzeit nicht eine Auseinandersetzung um Kollaboration und Widerstand, eine »Vergangenheitsbewältigung«, herausfordern. Auch das betrifft besonders Namibia und Tansania. In Kamerun und Togo, die beide 1960 unabhängig wurden, im chinesischen Jiaozhou (Kiautschou) und auf den heute auf unterschiedliche Staaten aufgeteilten ehedem deutschen Pazifikinseln ist die deutsche Zeit zwar ebenfalls noch in Bauten sichtbar, aber nicht in gleicher Weise (mit gewissen Einschränkungen im Fall von Kamerun) durch einen Schlüsselkonflikt im kollektiven Gedächtnis präsent. Die auf die Deutschen folgenden Besatzer haben die Erinnerung nachhaltig geprägt, die deutsche Vorzeit ist demgegenüber manchmal verblasst, manchmal wie auf Samoa oder in Togo fast idealisiert worden. Der togolesische Schriftsteller Félix Couchoro nutzte in dem 1968 erschienenen Roman *Le secret de Ramanou* die deutsche Zeit als Positivfolie zur Delegitimation der französischen kolonialen und postkolonialen Dominanz.

In Namibia allerdings ist die Vergangenheit noch längst nicht vorbei. Dabei richtet sich das Augenmerk in jüngerer Zeit besonders auf die Bundesrepublik Deutschland.

Wiederholt haben Herero-Führer seit 1990 neben einer formellen Entschuldigung materielle Wiedergutmachung verlangt. Der Herero-Chief Kuaima Riruako zog dabei Parallelen zwischen dem nationalsozialistischen Genozid an Juden, Sinti und Roma und der Vernichtungspolitik gegenüber den Herero. Im September 2001 reichten die Herero vor einem nordamerikanischen Gericht Klage gegen deutsche Firmen (Deutsche Afrika-Linien, ehedem Woermann-Linie; Deutsche Bank) als Rechtsnachfolger von Kolonialgesellschaften ein. Eine ähnliche Klage gegen die Bundesrepublik Deutschland wurde Anfang 2004 wieder zurückgezogen. Die Forderungen beliefen sich auf insgesamt zwei Milliarden US-Dollar. Die Regierung in Windhoek indes distanzierte sich von der Klage. Weitere Privatklagen auf Entschädigung folgten freilich, und zwar wiederum vor US-Gerichten.

Gegenwart und Zukunft der Kolonialerinnerung

In Deutschland sind die Wünsche nach Entschädigung für die Kolonialpolitik des Deutschen Reichs lange auf offizielle Ablehnung gestoßen. Repräsentanten der Bundesrepublik haben, wie Bundespräsident Roman Herzog bei einem Staatsbesuch in Namibia 1998, jede Formulierung vermieden, die als Eingeständnis von Schuld und damit als Ausgangspunkt von Wiedergutmachungsforderungen angesehen werden könnte. Erst im August 2004 hat die Entwicklungshilfeministerin Heidemarie Wieczorek-Zeul deutsche Schuld eingeräumt, ohne daraus freilich eine rechtliche Pflicht zu Entschädigungszahlungen abzuleiten. Das steht in deutlicher Diskrepanz zur Politik gegenüber Opfern der nationalsozialistischen Herrschaft. Die Betonung der Einzigartigkeit der NS-Herrschaft und des Mordes an den europäischen Juden wurde in dieser Perspektive zur Entschuldigung für den Verzicht auf eine Wiedergutmachung kolonialen Handelns. Allerdings beauftragte die deutsche Bundesregierung angesichts der drängenden Forderungen 2015 den CDU-Politiker Ruprecht Polenz, mit Namibia eine Vereinbarung bezüglich der Frage von Entschädigung und Entschuldigung auszuhandeln. Im Mai 2021 kamen die Regierungen Deutschlands und Namibias zu einer Einigung. Deutschland erkannte den Völkermord an, versprach eine Entschuldigung und erklärte sich bereit, 1,1 Milliarden Euro Wiederaufbauhilfe zu zahlen. Vertreter der Herero und Nama verlangten allerdings explizite Reparationen und die Rückgabe von Land.

Auch unterhalb der nationalstaatlichen Ebene hat sich der Umgang mit der Kolonialvergangenheit erheblich geändert. Seit den späteren 1980er Jahren ist es zu neuen Debatten um eine angemessene Erinnerung gekommen. Wiederum ging es dabei an erster Stelle um Carl Peters. Symptomatisch ist der Streit um die Petersallee in Berlin. Eine Umbenennung wurde 1987 vom Senat abgelehnt und statt des Namens nur die Widmung geändert, so dass die Straße nach offizieller Lesart nunmehr an einen Kommunalpolitiker gleichen Nachnamens erinnert. In Hannover wurde ein Peters-Denkmal 1988 durch eine neue Mahntafel zum Denkmal gegen den Kolonialismus. Der nach Carl Peters benannte Platz hieß nun Bertha-von-Suttner-Platz. Über das Peters-Denkmal auf Helgoland kam 1989 eine neue Diskussion in Gang. Am Ende wurde die Büste demontiert, seit 1997 ist sie in einem Helgoländer Museum ausgestellt. Der zu DDR-Zeiten entfernte Peters-Gedenkstein in Neuhaus wurde 1994 wieder errichtet, versehen allerdings mit einer distanzierenden Inschrift. Auch das Bremer Kolonialehrenmal von 1932 blieb stehen, erlaubte die inhaltlich offene Form des Elefanten doch verschiedene Ausdeutungen. So wurde zunächst eine Inschrift angebracht, welche die Problematik des Denkmals erläuterte, den Widerstand gegen die Kolonialherrschaft ehrte, die

Fortdauer von Kolonialismus, Rassismus und Ausbeutung beklagte und die Freundschaft Bremens mit Afrika betonte. Das Denkmal galt nun laut Inschrift als »Symbol für die Verantwortung, die uns aus der Geschichte erwächst«. Eine erneute Umwidmung erfolgte am 21. Juni 1996 in Anwesenheit Sam Nujomas. Seitdem erinnert eine weitere Tafelinschrift an die Opfer deutscher Kolonialherrschaft. Aus einem Denkmal kolonialer Ansprüche wurde auf diese Weise ein Ort zur Besinnung auf Belastungen der Vergangenheit. Die koloniale Erinnerungslandschaft in Deutschland blieb durch die Umdeutungen erhalten. Auch in Straßennamen lebt trotz kontroverser Debatten die Kolonialzeit im kollektiven Gedächtnis fort, ablesbar etwa an dem auf das Kaiserreich zurückgehenden »Afrikanischen Viertel« in Berlin und dem 1933 durch 29 Straßenbenennungen geschaffenen »Kolonialviertel« in München.

Der Umgang mit den Denkmälern, ob Umwidmung, Musealisierung oder Denkmalsturz, hatte mittlerweile freilich eine andere Tendenz als noch 1968. War es damals vor allem um die Kritik am europäischen Imperialismus gegangen, also die Wahrnehmung weiterhin auf die »Metropole« gerichtet, so rückte nunmehr die ehemalige »Peripherie« in den Blick. In der symbolischen Aufwertung der Opfer sollte die Schuld der Vergangenheit abgetragen werden. Dieser Perspektivenwechsel schlug sich seit Beginn der 1990er Jahre auch in einem Wandel der geschichtswissenschaftlichen Sicht auf die deutsche Kolonialepoche nieder. Der Blick wurde nun stärker auf Zonen der Begegnung und der gegenseitigen Wahrnehmung, auf Wechselwirkungen und Vernetzungen gelenkt. Neben den sozialgeschichtlichen Fragen wurden Themen der kolonialen Kulturgeschichte sowie bislang in ihrer Bedeutung oft unterschätzte Felder wie das Rechtswesen in den Blick gerückt. Zudem begann sich die Forschung auch für den Umgang mit der Vergangenheit, für koloniale Erinnerungskulturen, zu interessieren. Und schließlich wurden die großen Aufstände oder Kolonialkriege aus der Perspektive vergleichender Genozidforschung neu beleuchtet. Gemeinsam ist vielen dieser Arbeiten ein empathisches Interesse an Handlungsoptionen und Gestaltungsräumen der Kolonialbevölkerung. Damit lösen sie sich von der älteren sozialgeschichtlichen Forschung, die einem westlich geprägten Fortschrittsparadigma verhaftet blieb und die Kolonialbevölkerung entweder als bloßes Opfer von Fremdherrschaft oder als sich modernisierende künftige Nation ansah.

Das geschichtswissenschaftliche Engagement stand in Parallele zu einem neuen literarischen Interesse an den Kolonien. Es hat in Westdeutschland nur wenige Vorläufer wie den Roman *Morenga* von Uwe Timm aus dem Jahr 1978. Den Kolonialromanen, etwa *Herero* von Gerhard Seyfried aus dem Jahr 2003, geht es nicht um Kampf und Bewährung Deutscher in einer fernen Welt, sondern wie der wissenschaftlichen Literatur um die kritische Auseinandersetzung mit der deutschen Kolonialgeschichte. In Literatur und Wissenschaft standen dabei vornehmlich Deutsch-Südwestafrika (Namibia) und die Herero im Blickfeld, während koloniale Erfahrungen und Erinnerungen in Kamerun, Togo und Deutsch-Ostafrika (Tansania, Ruanda, Burundi) weniger Aufmerksamkeit fanden. Die Perspektive war am deutschen kollektiven Gedächtnis und den Problemen deutscher Vergangenheitspolitik in der Gegenwart orientiert. Darin spiegeln sich die Grenzen einer transkulturellen Öffnung der Erinnerungskultur in Deutschland. Das gilt besonders für die neuere Debatte über Kontinuitäten zwischen kaiserzeitlicher Kolonialpraxis und nationalsozialistischem Rassismus, zwischen südwestafrikanischen und nationalsozialistischen »Konzentrationslagern«, zwischen Trothas »Schießbefehl« und der Ermordung der europäischen Juden. In diesem Sinn ist für Südwestafrika vom »ersten deutschen Genozid« gesprochen worden (Zimmerer/Zeller, 2016, S. 45). Bei einer derartigen Wertung wird die Geschichte der Kolonien freilich primär als Teil der deutschen Geschichte gesehen und in die Vorgeschichte des »Dritten Reichs« eingegliedert. So erscheint die Kolonialbevölkerung erneut als passives Opfer kolonialer Gewalt. Überlebensstrategien und Selbstbehauptung der Herero treten in den Hintergrund (Krüger, 1999, S. 302).

Ungeachtet eines wachsenden Interesses an der deutschen Kolonialgeschichte nahm die Erinnerung an die koloniale Vergangenheit weiterhin eine marginale Position in Deutschland ein. Eine im Jahr 2001 erschienene dreibändige Dokumentation *Deutscher Erinnerungsorte* berücksichtigt die Kolonien nicht und suggeriert insofern, dass sie im kollektiven Gedächtnis der Bundesrepublik Deutschland keine wichtige Rolle spielen. Trotz der auch vom 100. Jahrestag des Herero-Aufstandes 2004 angestoßenen Debatten um die deutsche Kolonialpolitik und angemessene Formen des Gedenkens schien die koloniale Erinnerung in der Bundesrepublik wieder in den Hintergrund zu treten. Tatsächlich aber ist die Debatte um die Folgen des Kolonialismus bald in eine neue Phase eingetreten. In Deutschland entzündete sich die Diskussion am »Humboldt Forum«, also dem monumentalen Museumsprojekt im rekonstruierten Berliner Schloss, das als Standort ethnologischer Sammlungen vorgesehen war. Die Debatte spielte sich – und das war das eigentlich Neue daran – von vornherein in einem globalen Kontext ab. Dies betraf drei Aspekte: Erstens ging und geht es um das Fortleben kolonialer Verhaltensmuster, um strukturellen Rassismus sowie verborgene Diskriminierungen von Menschen anderer Herkunft und Hautfarbe. Zweitens kam eine globale Debatte um koloniale Benennungen, Denkmäler und Erinnerungsorte auf. Die Verschränkung der Kontinente und Nationen wurde dabei stärker betont. Ein herausragendes Beispiel ist die 2015 entstandene »Rhodes Must Fall«-Bewegung, die Gedenkorte, Namensgebungen und Denkmäler für Cecil Rhodes, den britischen Kolonialpolitiker, betrifft, Südafrika ebenso wie Großbritannien erfasste und weltweite Resonanz erfuhr. In immer neuen Wellen wurden koloniale Relikte nun identifiziert und attackiert, verstärkt motiviert auch durch die »Black Lives Matter«-Bewegung, die 2020 zu Denkmalstürzen wie in Bristol führte. Diese Vorgänge wirkten unmittelbar auf deutsche Debatten um die Folgen des Kolonialismus zurück. Drittens wurden und werden, unterstützt durch einen aufsehenerregenden Vorstoß des französischen Präsidenten Emmanuel Macron im Jahr 2017, scharfe Auseinandersetzungen über die Rückgabe von Kulturgütern geführt, die im Kontext kolonialer Expansion und Herrschaft aus Afrika oder Asien nach Europa gelangt sind und die sich heute in westlichen Museen befinden. In der Konsequenz wird nun systematisch das ethnologische Sammelgut überprüft, das Reisende, Wissenschaftler und Kolonialisten aus den Kolonialgebieten nach Europa und Deutschland gebracht haben, ob aus Gründen der Forschung, der musealen Präsentation oder des materiellen Ertrags.

Für die Kolonialgeschichte ist Provenienzforschung freilich ein schwieriges Unterfangen. Herkunft und Zuordnung sind in der Regel nicht auf bestimmte Personen und deren Nachkommen einzugrenzen. Nicht immer ist zudem zu klären, welche Funktion die Gegenstände hatten, ob es sich um rituelle Objekte, Kunstwerke oder Alltagsgegenstände gehandelt hat. Bislang sind daher vor allem einzelne herausragende Objekte in den Fokus gerückt. Dazu zählt die mit handschriftlichen Bemerkungen versehene Bibel des Nama-Führers Hendrik Witbooi, die jetzt aus Baden-Württemberg nach Namibia zurückgegeben worden ist. Ähnlich verhält es sich mit der Säule von Cape Cross in Namibia, die auf die frühneuzeitliche portugiesische Präsenz an der Küste zurückgeht und von den Deutschen Ende des 19. Jahrhunderts nach Berlin verbracht worden ist; heute befindet sie sich im Deutschen Historischen Museum, lediglich eine Replik mit ergänzter Inschrift ist in Namibia zurückgeblieben. Unumstritten ist, dass menschliche Gebeine zurückzuführen und würdig zu bestatten sind, zumal wenn sie von Kolonialmedizinern zu Forschungszwecken nach Deutschland gebracht wurden. Im Übrigen aber gehen die Vorstellungen und Verfahrensweisen noch weit auseinander. Kontrovers diskutiert wurde besonders die 2022 eingeleitete Rückgabe von sogenannten Benin-Bronzen aus den Berliner ethnologischen Sammlungen an Nigeria.

Die hier skizzierten jüngsten Entwicklungen zeigen, dass die Zukunft der deutschen Kolonialgeschichte nicht in Deutschland oder Europa liegt. Welche Aufmerksamkeit ihr zuteil wird, wie sie bewertet und wie um sie gestritten wird, wird in einem globalen Kommunikationszusammenhang entschieden werden. Je stärker im weltweiten Austausch die koloniale Vergangenheit aufgearbeitet wird, desto stärker muss sich die deutsche Erinnerungskultur zur erneuten Auseinandersetzung herausgefordert fühlen. In dem Streit, der daraus entstehen kann, liegt zugleich eine Chance für das kollektive Gedächtnis in Deutschland. Denn daraus kann nicht nur die Einsicht hervorgehen, dass der frühe Verlust des Kolonialreichs nicht der Notwendigkeit einer Auseinandersetzung mit belasteter Vergangenheit enthebt. Vielmehr kann dies zu der Erkenntnis beitragen, dass auch die deutsche Geschichte nur im Zusammenhang vielfältiger Wechselbeziehungen und Austauschprozesse verstanden werden kann, dass sie nicht bloß Nationalgeschichte, sondern Teil einer Globalgeschichte ist. Daher ist die deutsche Kolonialgeschichte noch nicht zu Ende.

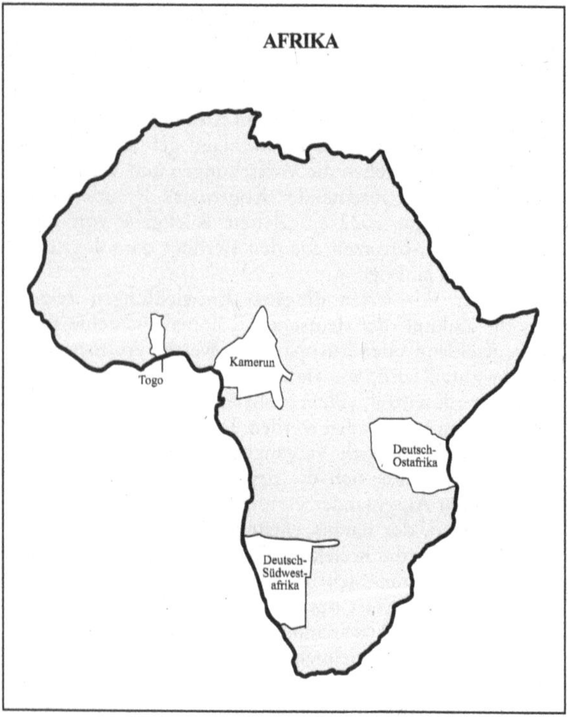

Die Karten wurden erstellt von Daniel Stange unter Zuhilfenahme des Kartenmaterials von Stoecker (1991), Gann, Duigan (1977), Zache (1925) und Gründer (2000).

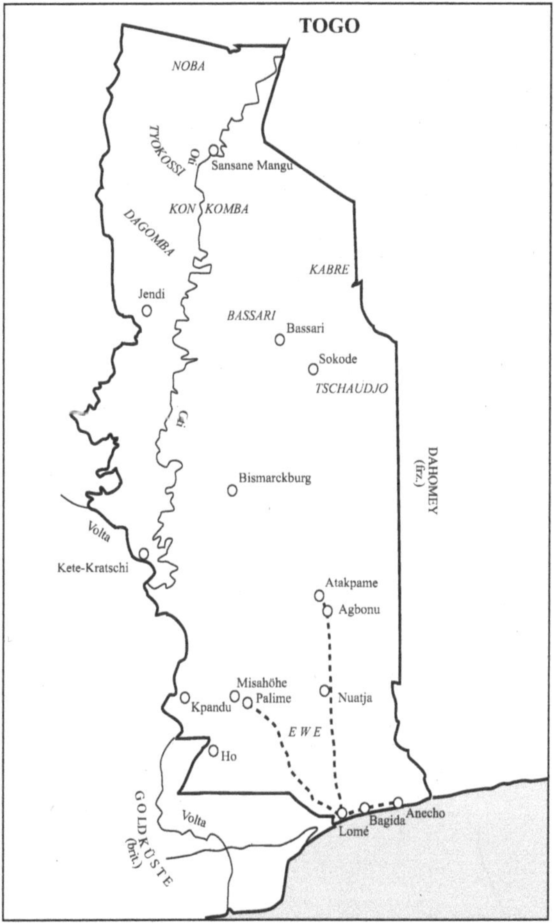
TOGO
NOBA
TYOKOSSI
Oti
Sansane Mangu
KON
KOMBA
DAGOMBA
KABRE
Jendi
BASSARI
Bassari
Sokode
TSCHAUDJO
DAHOMEY
(frz.)
Bismarckburg
Volta
Kete-Kratschi
Atakpame
Agbonu
Misahöhe
Kpandu
Palime
Nuatja
EWE
Ho
GOLDKÜSTE
(brit.)
Volta
Lomé
Bagida
Anecho

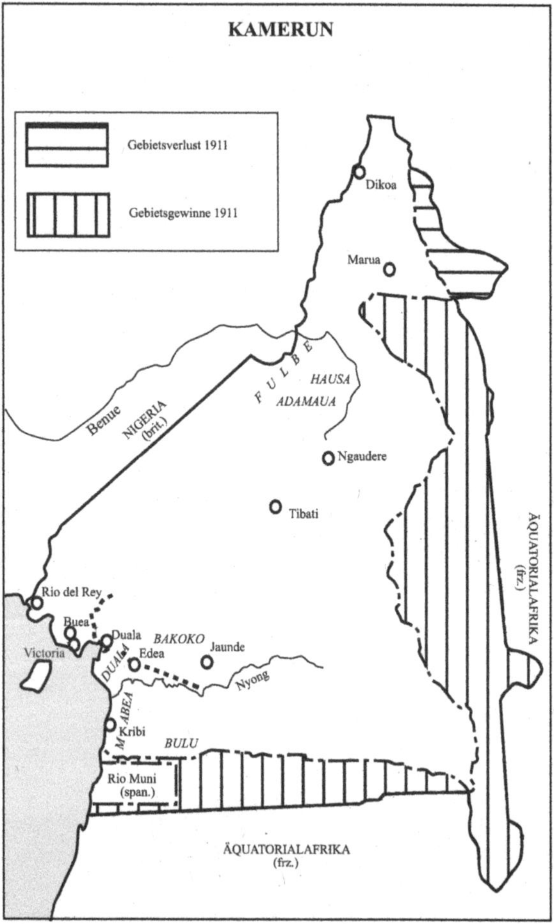
KAMERUN
Gebietsverlust 1911
Gebietsgewinne 1911
Dikoa
Marua
FULBE
HAUSA
ADAMAUA
Benue
NIGERIA
(brit.)
Ngaudere
Tibati
ÄQUATORIALAFRIKA
(frz.)
Rio del Rey
Buea
Duala
BAKOKO
Jaunde
Victoria
DUALA
Edea
Nyong
MABEA
Kribi
BULU
Rio Muni
(span.)
ÄQUATORIALAFRIKA
(frz.)

DEUTSCH-OSTAFRIKA
UGANDA (brit.)
Bukoba
Victoriasee
Schirati
Kissenji
RUANDA
Muansa
BRITISCH-OSTAFRIKA
Usumbura
URUNDI
Moschi
Kigoma
Udjidji
Tabora
Irangi
Pemba (brit.)
Wilhelmstal
Tanga
Tanganyikasee
Kilimatinde
Pangani
Sansibar (brit.)
Mpapua
Sadani
Bagamojo
Kilossa
Morogoro
Dares-salam
Neu-Iringa
Rufiji
Mahenge
Kilwa
Neu-Langenburg
Alt-Langenburg
RHODESIEN (brit.)
Nyassasee
Lindi
Songea
Kionga
Rowuma
PORTUGIESISCH-OSTAFRIKA

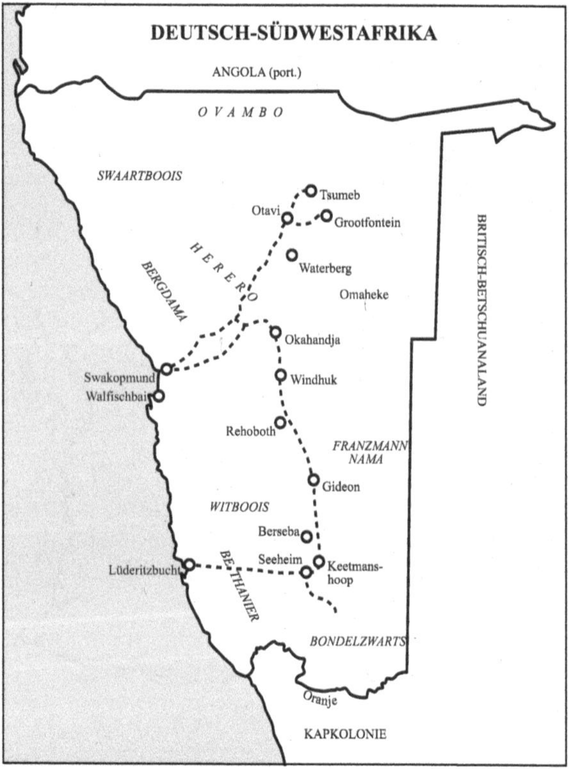
DEUTSCH-SÜDWESTAFRIKA
ANGOLA (port.)
OVAMBO
SWAARTBOOIS
Tsumeb
Otavi
Grootfontein
HERERO
BERGDAMA
Waterberg
Omaheke
BRITISCH-BETSCHUANALAND
Okahandja
Swakopmund
Windhuk
Walfischbai
Rehoboth
FRANZMANN NAMA
Gideon
WITBOOIS
Berseba
Seeheim
Keetmans-
hoop
Lüderitzbucht
BETHANIER
BONDELZWARTS
Oranje
KAPKOLONIE

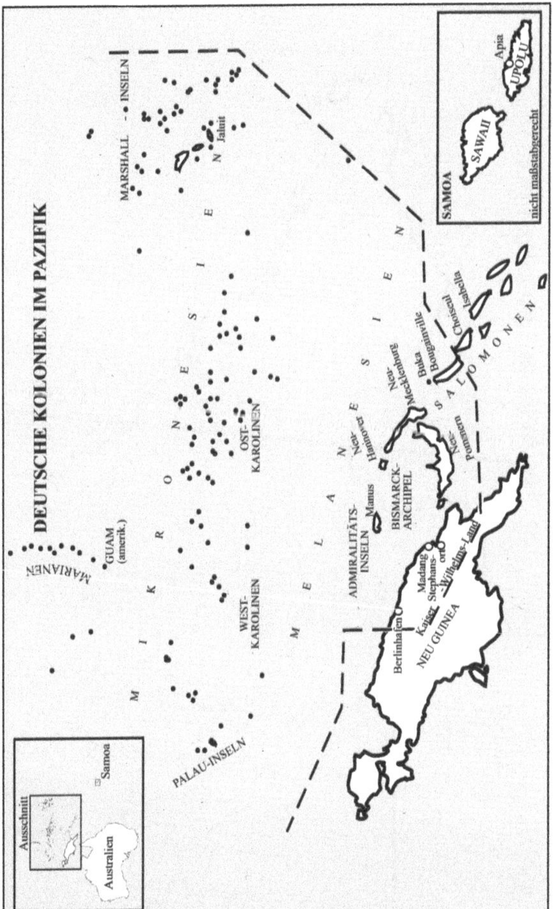
DEUTSCHE KOLONIEN IM PAZIFIK
MARSHALL - INSELN
Jaluit
MIKRONESIEN
MARIANEN
GUAM (amerik.)
WEST-KAROLINEN
OST-KAROLINEN
PALAU-INSELN
Ausschnitt
Australien
Samoa
MELANESIEN
ADMIRALITÄTS-INSELN
Manus
BISMARCK-ARCHIPEL
Neu-Hannover
Neu-Mecklenburg
Neu-Pommern
Buka
Bougainville
Choiseul
Isabella
SALOMONEN
Berlinhafen
Kaiser-Wilhelms-Land
Madang
Stephans-ort
NEU GUINEA
SAMOA
SAWAII
UPOLU
Apia
nicht maßstabgerecht

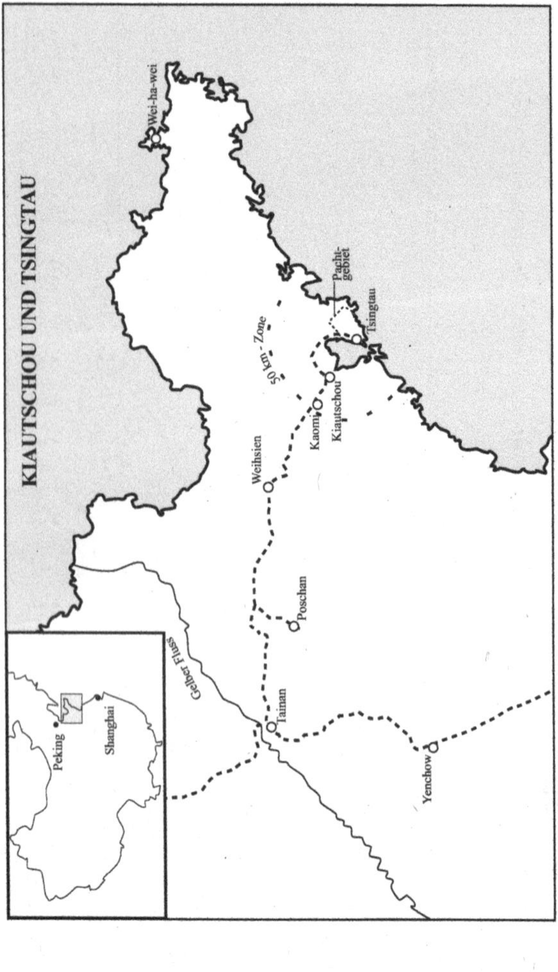
KIAUTSCHOU UND TSINGTAU
Wei-ha-wei
Pacht-
gebiet
Tsingtau
50 km - Zone
Kiautschou
Kaomi
Weihsien
Poschan
Gelber Fluss
Tainan
Yenchow
Peking
Shanghai

Literaturhinweise

Quellen und zeitgenössische Schriften

Adick, Christel / Mehnert, Wolfgang: Deutsche Missions- und Kolonialpädagogik in Dokumenten. Eine kommentierte Quellensammlung aus den Afrikabeständen deutschsprachiger Archive 1884–1914. Unter Mitarb. von Thea Christiani. Frankfurt a. M. / London 2001.

Bauer, Paul: Die Strafrechtspflege über die Eingeborenen der deutschen Schutzgebiete. In: Archiv für öffentliches Recht 19 (1905) S. 32–86.

Becker, A[lexander] [u. a.]: Hermann von Wissmann. Deutschlands größter Afrikaner. 5., verm. und verb. Aufl. Berlin 1914.

Damaschke, Adolf: Kamerun oder Kiautschou? Eine Entscheidung über die Zukunft der deutschen Kolonialpolitik. Berlin [1900].

Dernburg, Bernhard: Zielpunkte des Deutschen Kolonialwesens. Zwei Vorträge. Berlin 1907.

Diel, Louise: Die Kolonien warten! Afrika im Umbruch. Leipzig 1939.

Fabri, Friedrich: Bedarf Deutschland der Colonien? Eine politisch-ökonomische Betrachtung. Gotha 1879.

Frenssen, Gustav: Peter Moors Fahrt nach Südwest. Ein Feldzugsbericht [Roman]. Berlin 1906.

Gründer, Horst (Hrsg.): »… da und dort ein junges Deutschland gründen«. Rassismus, Kolonien und kolonialer Gedanke vom 16. bis zum 20. Jahrhundert. München 1999.

Häussler, Matthias / Eckl, Andreas (Hrsg.): Lothar von Trotha in Deutsch-Südwestafrika 1904–1905. 2 Bde. Berlin 2024.

Jacob, Ernst Gerhard (Hrsg.): Deutsche Kolonialpolitik in Dokumenten. Gedanken und Gestalten aus den letzten fünfzig Jahren. Leipzig 1938.

Kautsky, Karl: Soll Deutschland Kolonien gründen? In: Staatswirthschaftliche Abhandlungen. 1. Serie (1879/80) S. 393–400.

Kramer-Bannow, Elisabeth: Heimatschutz in die deutschen Kolonien! In: Kunstwart 26 (1913) H. 19. S. 13–22.

Kuhn, Hellmuth: Die deutschen Schutzgebiete. Erwerb, Verwaltung und Gerichtsbarkeit. Berlin 1913.

Leutner, Mechthild (Hrsg.): Die Expansion des Deutschen Reiches in China. Deutsch-chinesische Beziehungen 1897–1914. Eine Quellensammlung. Bearb. von Klaus Mühlhahn. Berlin 1997.

Mirbt, Carl: Mission und Kolonialpolitik in den deutschen Schutzgebieten. Tübingen 1910.

Mommsen, Wolfgang: Imperialismus. Seine geistigen, politischen und wirtschaftlichen Grundlagen. Ein Quellen- und Arbeitsbuch. Hamburg 1977.

Peters, Carl: Gesammelte Schriften. Hrsg. von Walter Frank. 3 Bde. München/Berlin 1943/44.

Schlunk, Martin: Die Schulen für Eingeborene in den deutschen Schutzgebieten am 1. Juni 1911. Auf Grund einer statistischen Erhebung der Zentralstelle des Hamburgischen Kolonialinstituts. Hamburg 1914.

– Das Schulwesen in den deutschen Schutzgebieten. Hamburg 1914.

Schnee, Heinrich (Hrsg.): Deutsches Koloniallexikon. 3 Bde. Leipzig 1920.

– Die koloniale Schuldlüge [1924]. 8., verb. und erw. Aufl. München 1927.

Silvester, Jeremy / Gewald, Jan-Bart: Words Cannot Be Found. German Colonial Rule in Namibia: An Annotated Reprint of the 1918 Blue Book. Leiden/Boston 2003.

Stengel, Karl Freiherr von: Die Rechtsverhältnisse der deutschen Schutzgebiete. Tübingen/Leipzig 1901.

Valentin, Veit: Kolonialgeschichte der Neuzeit. Ein Abriss. Tübingen 1915.

Witbooi, Hendrik: Afrika den Afrikanern! Aufzeichnungen eines Nama-Häuptlings aus der Zeit der deutschen Eroberung Südwestafrikas 1884–1894. Hrsg. von Wolfgang Reinhard. Berlin 1982.

Zache, Hans (Hrsg.): Das deutsche Kolonialbuch. Berlin/Leipzig 1925.

Literatur

Adick, Christel: Bildung und Kolonialismus in Togo. Eine Studie zu den Entstehungszusammenhängen eines europäisch geprägten Bildungswesens in Afrika am Beispiel Togos (1850–1914). Weinheim/Basel 1981.

Adick, Christel: Pädagogische Idylle und Wirtschaftswunder im deutschen Schutzgebiet Togo. Zur Entstehung eines kolonialen Bildungswesens in Afrika. In: Die Dritte Welt 5 (1977) S. 27–46.

Altena, Thorsten: »Ein Häuflein Christen mitten in der Heidenwelt des dunklen Erdteils«. Zum Selbst- und Fremdverständnis protestantischer Missionare im kolonialen Afrika 1884–1918. Münster [u. a.] 2003.

Bade, Klaus J.: Friedrich Fabri und der Imperialismus in der Bismarckzeit. Revolution – Depression – Expansion. Freiburg i. Br. 1975.

– (Hrsg.): Imperialismus und Kolonialmission. Kaiserliches Deutschland und koloniales Imperium. Wiesbaden 1982.

Baer, Martin / Schröter, Olaf: Eine Kopfjagd. Deutsche in Ostafrika. Spuren kolonialer Herrschaft. Berlin 2001.

Bald, Detlef: Afrikanischer Kampf gegen koloniale Herrschaft. Der Maji-Maji-Aufstand in Ostafrika. In: Militärgeschichtliche Mitteilungen 19 (1976) S. 23–50.

Barth, Boris: Die deutsche Hochfinanz und die Imperialismen. Banken und Außenpolitik vor 1914. Stuttgart 1995.

Becher, Jürgen: Dar es Salaam, Tanga und Tabora. Stadtentwicklung in Tansania unter deutscher Kolonialherrschaft (1885–1914). Stuttgart 1997.

Bechhaus-Gerst, Marianne / Klein-Arendt, Reinhard (Hrsg.): Die (koloniale) Begegnung. AfrikanerInnen in Deutschland 1880–1945 – Deutsche in Afrika 1880–1918. Frankfurt a. M. [u. a.] 2003.

Becker, Felicitas / Beez, Jigal (Hrsg.): Der Maji-Maji-Krieg in Deutsch-Ostafrika 1905–1907. Berlin 2005.

Becker, Frank (Hrsg.): Rassenmischehen – Mischlinge – Rassentrennung. Zur Politik der Rasse im deutschen Kolonialreich. Stuttgart 2004.

Beez, Jigal: Geschosse zu Wassertropfen. Sozio-religiöse Aspekte des Maji-Maji-Krieges in Deutsch-Ostafrika (1905–1907). Köln 2003.

Berman, Nina / Mühlhahn, Klaus / Nganang, Patrice (Hrsg.): German Colonialism Revisited. African, Asian, and Oceanic Experiences. Ann Arbor 2014.

Bley, Helmut: Kolonialherrschaft und Sozialstruktur in Deutsch-Südwestafrika 1894–1914. Hamburg 1968.

Bowersox, Jeff: Raising Germans in the Age of Empire. Youth and Colonial Culture, 1871–1914. Oxford 2013.

Bühler, Andreas Heinrich: Der Namaaufstand gegen die deutsche Kolonialherrschaft in Namibia von 1904–1913. Frankfurt a. M. 2003.

Bührer, Tanja: Die Kaiserliche Schutztruppe für Deutsch-Ostafrika. Koloniale Sicherheitspolitik und transkulturelle Kriegführung 1885 bis 1918. München 2011.

Conrad, Sebastian: Deutsche Kolonialgeschichte. 5., durchges. Aufl. München 2023.

– / Osterhammel, Jürgen (Hrsg.): Das Kaiserreich transnational. Deutschland in der Welt 1871–1914. Göttingen 2004.

Dedering, Tilman: Hendrik Witbooi. Religion, Kollaboration und Widerstand in Deutsch-Ostafrika. In: Missionsgeschichte, Kirchengeschichte, Weltgeschichte. Christliche Missionen im Kontext nationaler Entwicklungen in Afrika, Asien und Ozeanien. Hrsg. von Ulrich van der Heyden und Heike Liebau. Stuttgart 1996. S. 325–341.

Digre, Brian: Imperialism's New Clothes. The Repartition of Tropical Africa, 1914–1919. New York 1990.

Drechsler, Horst: Südwestafrika unter deutscher Kolonialherrschaft. Der Kampf der Herero und Nama gegen den deutschen Imperialismus (1884–1915) [1966]. 2. Aufl. Berlin 1984.

– Südwestafrika unter deutscher Kolonialherrschaft. Bd. 2: Die großen Land- und Minengesellschaften. Stuttgart 1996.

Eckart, Wolfgang U.: Arzneimittelerprobung in der ehemaligen deutschen Kolonie Togo. In: Forum Wissenschaft 5 (1988) H. 1. S. 29–35.

– Medizin und Kolonialimperialismus. Deutschland 1884–1945. Paderborn [u. a.] 1997.

Eckert, Andreas: Grundbesitz, Landkonflikte und kolonialer Wandel. Douala 1880 bis 1960. Stuttgart 1999.

Erbar, Ralph: Ein »Platz an der Sonne«? Die Verwaltungs- und Wirtschaftsgeschichte der deutschen Kolonie Togo 1884–1914. Stuttgart 1991.

Essner, Cornelia: Deutsche Afrikareisende im neunzehnten Jahrhundert. Zur Sozialgeschichte des Reisens. Stuttgart 1985.

– Zwischen Vernunft und Gefühl. Die Reichstagsdebatten von 1912 um koloniale »Rassenmischehe« und »Sexualität«. In: Zeitschrift für Geschichtswissenschaft 45 (1999) S. 503–519.

Fenske, Hans: Ungeduldige Zuschauer. Die Deutschen und die europäische Expansion 1815–1880. In: Imperialistische Kontinuität und nationale Ungeduld im 19. Jahrhundert. Hrsg. von Wolfgang Reinhard. Frankfurt a. M. 1991. S. 87–123.

Förster, Larissa [u. a.] (Hrsg.): Namibia – Deutschland. Eine geteilte Geschichte. Widerstand – Gewalt – Erinnerung. Köln 2004.

Friedrichsmeyer, Sara [u. a.] (Hrsg.): The Imperialist Imagination. German Colonialism and Its Legacy. Ann Arbor 1998.

Gann, L. H. / Duignan, Peter: The Rulers of German Africa 1884–1914. Stanford 1977.

Gewald, Jan-Bart: Herero Heroes. A Socio-Political History of the Herero of Namibia 1890–1923. Oxford [u. a.] 1999.

Gissibl, Bernhard: The Nature of German Imperialism. Conservation and the Politics of Wildlife in Colonial East Africa. New York 2016.

Gräbel, Carsten: Die Erforschung der Kolonien. Expeditionen und koloniale Wissenskultur deutscher Geographen, 1884–1919. Bielefeld 2015.

Graichen, Gisela / Gründer, Horst: Deutsche Kolonien. Traum und Trauma. Berlin 2005.

Grohmann, Marc: Exotische Verfassung. Die Kompetenzen des Reichstags für die deutschen Kolonien in Gesetzgebung und Staatsrechtswissenschaft des Kaiserreichs (1884–1914). Tübingen 2001.

Gründer, Horst: Christliche Mission und deutscher Imperialismus. Eine politische Geschichte ihrer Beziehungen während der deutschen Kolonialzeit (1884–1914) unter besonderer Berücksichtigung Afrikas und Chinas. Paderborn 1982.

– Geschichte der deutschen Kolonien. 8. Aufl. Paderborn [u.a.] 2022.

– Welteroberung und Christentum. Ein Handbuch zur Geschichte der Neuzeit. Gütersloh 1992.

– / Hiery, Hermann (Hrsg.): Die Deutschen und ihre Kolonien. Ein Überblick. 3. Aufl. Berlin 2022.

Häussler, Matthias: Der Genozid an den Herero. Krieg, Emotion und extreme Gewalt in »Deutsch-Südwestafrika«. Weilerswist 2018.

Hardach, Gerd: König Kopra. Die Marianen unter deutscher Herrschaft 1899–1914. Stuttgart 1990.

Hausen, Karin: Deutsche Kolonialherrschaft in Afrika. Wirtschaftsinteressen und Kolonialverwaltung in Kamerun vor 1914. Zürich / Freiburg i. Br. 1970.

Heine, Peter / van der Heyden, Ulrich (Hrsg.): Studien zur Geschichte des deutschen Kolonialismus in Afrika. Festschrift zum 60. Geburtstag von Peter Sebald. Pfaffenweiler 1995.

Hiery, Hermann Joseph: Das Deutsche Reich in der Südsee (1900–1921). Eine Annäherung an die Erfahrungen verschiedener Kulturen. Göttingen/Zürich 1995.

– (Hrsg.): Die deutsche Südsee 1884–1914. Ein Handbuch. Paderborn [u. a.] 2001.

Hildebrand, Klaus: Vom Reich zum Weltreich. Hitler, NSDAP und koloniale Frage 1919–1945. München 1969.

Hinz, Hans-Martin / Lind, Christoph (Hrsg.): Tsingtau. Ein Kapitel deutscher Kolonialgeschichte in China 1897–1914. Eurasburg 1998.

Hinz, Manfred O.: Der Krieg gegen die Herero: Friedensschluss hundert Jahre danach? In: Völkerrecht statt Machtpolitik. Beiträge für Gerhard Stuby. Hrsg. von Norman Paech [u. a.]. Hamburg 2004. S. 148–171.

Huang, Fu-teh: Quingdao. Chinesen unter deutscher Herrschaft 1897–1914. Bochum 1999.

Huber, Hansjörg: Koloniale Selbstverwaltung in Deutsch-Südwestafrika. Entstehung, Kodifizierung und Umsetzung. Frankfurt a. M. 2000.

Iliffe, John: The Effects of the Maji Maji Rebellion of 1905–1906 on German Occupation Policy in East Africa. In: Britain and Germany in Africa. Imperial Rivalry and Colonial Rule. Hrsg. von Prosser Gifford und W. M. Roger Louis. New Haven / London 1967. S. 357–375.

Kreienbaum, Jonas: »Ein trauriges Fiasko«. Koloniale Konzentrationslager im südlichen Afrika, 1900–1908. Hamburg 2015.

Krüger, Gesine: Kriegsbewältigung und Geschichtsbewußtsein. Realität, Deutung und Verarbeitung des deutschen Kolonialkriegs in Namibia 1904–1907. Göttingen 1999.

Kundrus, Birthe: Moderne Imperialisten. Das Kaiserreich im Spiegel seiner Kolonien. Köln [u. a.] 2003.

– (Hrsg.): Phantasiereiche. Zur Kulturgeschichte des deutschen Kolonialismus. Frankfurt a. M. / New York 2003.

Kuß, Susanne: Deutsches Militär auf kolonialen Kriegsschauplätzen. Eskalation von Gewalt zu Beginn des 20. Jahrhunderts. 3. Aufl. Berlin 2012.

Marx, Christoph: Geschichte Afrikas. Von 1800 bis zur Gegenwart. Paderborn [u. a.] 2004.

– »Völker ohne Schrift und Geschichte«. Zur historischen Erfas-

sung des vorkolonialen Schwarzafrika in der deutschen Forschung des 19. und frühen 20. Jahrhunderts. Stuttgart 1988.
Michels, Eckard: »Der Held von Deutsch-Ostafrika«. Paul von Lettow-Vorbeck. Ein preußischer Kolonialoffizier. Paderborn 2008.
Michels, Stefanie: *Schwarze* deutsche Kolonialsoldaten. Mehrdeutige Repräsentationsräume und früher Kosmopolitismus in Afrika. Bielefeld 2009.
Morlang, Thomas: Askari und Fitafita. »Farbige« Söldner in den deutschen Kolonien. Berlin 2008.
Mühlhahn, Klaus: Herrschaft und Widerstand in der »Musterkolonie« Kiautschou. Interaktionen zwischen China und Deutschland 1897–1914. München 2000.
Müller, Fritz Ferdinand: Deutschland – Zanzibar – Ostafrika. Geschichte einer deutschen Kolonialeroberung 1884–1890. Berlin 1959.
Naucke, Wolfgang: Deutsches Kolonialstrafrecht 1886–1918. In: Rechtshistorisches Journal 7 (1988) S. 297–315.
Oermann, Nils Ole: Mission, Church and State Relations in South West Africa under German Rule (1884–1915). Stuttgart 1999.
Osterhammel, Jürgen: Kolonialismus. Geschichte – Formen – Folgen. München 1995.
– / Petersson, Niels P.: Geschichte der Globalisierung. Dimensionen, Prozesse, Epochen. München 2003.
Pesek, Michael: Koloniale Herrschaft in Deutsch-Ostafrika. Expeditionen, Militär und Verwaltung seit 1880. Frankfurt a.M. 2005.
Pogge von Strandmann, Hartmut: Deutscher Imperialismus nach 1918. In: Deutscher Konservatismus im 19. und 20. Jahrhundert. Hrsg. von Dirk Stegmann [u. a.]. Bonn 1983. S. 281–293.
Pool, Gerhard: Samuel Maharero. Windhoek 1991.
Riehl, Axel T. G.: Der »Tanz um den Äquator«. Bismarcks antienglische Kolonialpolitik und die Erwartung des Thronwechsels in Deutschland 1883 bis 1885. Berlin 1993.
Rüdiger, Klaus H.: Die Namibia-Deutschen. Geschichte einer Nationalität im Werden. Stuttgart 1993.
Ruppenthal, Jens: Kolonialismus als »Wissenschaft und Technik«. Das Hamburgische Kolonialinstitut 1908 bis 1919. Stuttgart 2007.
Schaper, Ulrike: Koloniale Verhandlungen. Gerichtsbarkeit, Verwaltung und Herrschaft in Kamerun 1884–1916. Frankfurt a.M. 2012.

Schiefel, Werner: Bernhard Dernburg 1865–1937. Kolonialpolitiker und Bankier im wilhelminischen Deutschland. Zürich / Freiburg i. Br. 1974.

Schinzinger, Francesca: Die Kolonien und das Deutsche Reich. Die wirtschaftliche Bedeutung der deutschen Besitzungen in Übersee. Stuttgart 1984.

Schröder, Hans-Christoph: Gustav Noske und die Kolonialpolitik des Deutschen Kaiserreichs. Berlin/Bonn 1979.

– Sozialismus und Imperialismus. Die Auseinandersetzung der deutschen Sozialdemokratie mit dem Imperialismusproblem und der »Weltpolitik« vor 1914. Tl. 1. Hannover 1968.

Schubert, Michael: Der schwarze Fremde. Das Bild des Schwarzafrikaners in der parlamentarischen und publizistischen Kolonialdiskussion in Deutschland von den 1870er bis in die 1930er Jahre. Stuttgart 2003.

Schulte-Varendorff, Uwe: Kolonialheld für Kaiser und Führer. General Lettow-Vorbeck – Mythos und Wirklichkeit. Berlin 2006.

Sebald, Peter: Togo 1884–1914. Eine Geschichte der deutschen »Musterkolonie« auf der Grundlage amtlicher Quellen. Berlin 1988.

Seeberg, Karl-Martin: Der Maji-Maji-Krieg gegen die deutsche Kolonialherrschaft. Historische Ursprünge nationaler Identität in Tansania. Berlin 1989.

Speitkamp, Winfried: Kolonialherrschaft und Denkmal. Afrikanische und deutsche Erinnerungskultur im Konflikt. In: Architektur und Erinnerung. Hrsg. von Wolfram Martini. Göttingen 2000. S. 165–190.

– Der Totenkult um die Kolonialheroen des Deutschen Kaiserreichs. In: zeitenblicke 3 (2004) Nr. 1. http://zeitenblicke.historicum.net/2004/01/speitkamp

– Die Jugendarbeit der deutschen Kolonialbewegung in der Zwischenkriegszeit. In: Historische Jugendforschung. Jahrbuch des Archivs der deutschen Jugendbewegung NF 2 (2005 [2006]) S. 69–83.

– Otto von Bismarck und die Kolonialpolitik – ein Ausweg aus der Wirtschaftskrise? In: Otto von Bismarck und die Wirtschaft. Hrsg. von Michael Epkenhans und Ulrich von Hehl. Paderborn 2013. S. 59–76.

– Kolonialdenkmäler. In: Kein Platz an der Sonne. Erinnerungsorte der deutschen Kolonialgeschichte. Hrsg. von Jürgen Zimmerer. Frankfurt a. M. 2013. S. 409–423.

– German Colonialism and the Formation of African Heritage. In: Cultural Heritage as Civilizing Mission. From Decay to Recovery. Hrsg. von Michael Falser. Cham 2015. S. 49–63.
– Akteure und Praktiken kolonialer Raumaneignung. Funktionen und Transformationen. In: Koloniale und postkoloniale Mikrotoponyme. Forschungsperspektiven und interdisziplinäre Bezüge. Hrsg. von Verena Ebert [u. a.]. Berlin 2021. S. 15–31.
– Marsch und Mythos. Lettow-Vorbeck in Ostafrika 1917/18. In: Märsche der Moderne. Varianten eines globalen Phänomens. Hrsg. von Jürgen Dinkel [u. a.]. Frankfurt a. M. / New York 2024. S. 67–87.
Stoecker, Helmuth (Hrsg.): Drang nach Afrika. Die koloniale Expansionspolitik und Herrschaft des deutschen Imperialismus in Afrika von den Anfängen bis zum Ende des Zweiten Weltkrieges. Berlin 1977. [2., überarb. Aufl., 1991.]
– Kamerun unter deutscher Kolonialherrschaft. 2 Bde. Berlin 1960/68.
Tetzlaff, Rainer: Koloniale Entwicklung und Ausbeutung. Wirtschafts- und Sozialgeschichte Deutsch-Ostafrikas 1885–1914. Berlin 1970.
Trotha, Trutz von: Koloniale Herrschaft. Zur soziologischen Theorie der Staatsentstehung am Beispiel des »Schutzgebietes Togo«. Tübingen 1994.
Trotha, Trutz von: Zur Entstehung von Recht. Deutsche Kolonialherrschaft und Recht im »Schutzgebiet Togo«, 1884–1914. In: Rechtshistorisches Journal 7 (1988) S. 317–346.
Van der Heyden, Ulrich / Zeller, Joachim (Hrsg.): Kolonialmetropole Berlin. Eine Spurensuche. Berlin 2002.
– / – (Hrsg.): »... Macht und Anteil an der Weltherrschaft«. Berlin und der deutsche Kolonialismus. Münster 2005.
– / – (Hrsg.): Kolonialismus hierzulande. Eine Spurensuche in Deutschland. Erfurt 2007.
Van Laak, Dirk: Imperiale Infrastruktur. Deutsche Planungen für eine Erschließung Afrikas 1800 bis 1960. Paderborn [u. a.] 2004.
Van Laak, Dirk: Über alles in der Welt. Deutscher Imperialismus im 19. und 20. Jahrhundert. München 2005.
Voigt, Rüdiger / Sack, Peter (Hrsg.): Kolonialisierung des Rechts. Zur kolonialen Rechts- und Verwaltungsordnung. Baden-Baden 2001.

Walz, Gotthilf: Die Entwicklung der Strafrechtspflege in Kamerun unter deutscher Herrschaft 1884–1914. Freiburg i. Br. 1981.

Warmbold, Joachim: »Ein Stückchen neudeutsche Erd'…«. Deutsche Kolonial-Literatur. Aspekte ihrer Geschichte, Eigenart und Wirkung, dargestellt am Beispiel Afrikas. Frankfurt a. M. 1982.

Wehler, Hans-Ulrich: Bismarck und der Imperialismus [1969]. Frankfurt a. M. 1984.

Wirz, Albert: Die deutschen Kolonien in Afrika. In: Europäische Kolonialherrschaft 1880–1940. Hrsg. von Rudolf von Albertini. 3. Aufl. Stuttgart 1987. S. 302–326.

– Vom Sklavenhandel zum kolonialen Handel. Wirtschaftsräume und Wirtschaftsformen in Kamerun vor 1914. Zürich / Freiburg i. Br. 1972.

Zantop, Susanne M.: Kolonialphantasien im vorkolonialen Deutschland (1770–1870). Berlin 1999.

Zeller, Joachim: Kolonialdenkmäler und Geschichtsbewußtsein. Eine Untersuchung der kolonialdeutschen Erinnerungskultur. Frankfurt a. M. 2000.

Zimmerer, Jürgen: Deutsche Herrschaft über Afrikaner. Staatlicher Machtanspruch und Wirklichkeit im kolonialen Namibia. Hamburg 2001.

– Von Windhuk nach Auschwitz? Beiträge zum Verhältnis von Postkolonialismus und Gewalt. Münster 2011.

– (Hrsg.): Kein Platz an der Sonne. Erinnerungsorte der deutschen Kolonialgeschichte. Frankfurt a. M. 2013.

– / Zeller, Joachim (Hrsg.): Völkermord in Deutsch-Südwestafrika. Der Kolonialkrieg (1904–1908) in Namibia und seine Folgen. 3., aktual. Aufl. Berlin 2016.

Zollmann, Jakob: Koloniale Herrschaft und ihre Grenzen. Die Kolonialpolizei in Deutsch-Südwestafrika 1894–1915. Göttingen 2010.

Namenregister

Das Register enthält Personen- und Ortsnamen. Die Begriffe »Deutschland«, »Europa« und »Afrika« wurden nicht aufgenommen.

Zum Autor

Winfried Speitkamp, geboren 1958, Promotion 1986, Habilitation 1994, 2010–2017 Professor für Neuere und Neueste Geschichte an der Universität Kassel, 2017–2022 Präsident der Bauhaus-Universität Weimar sowie dort Professor für Kulturgeschichte der Moderne, 2022–2024 Staatssekretär im Thüringer Ministerium für Bildung, Jugend und Sport. Forschungsschwerpunkte: Verfassungs- und Landesgeschichte; Geschichte von Erinnerungskulturen; Jugend- und Bildungsgeschichte; afrikanische und Kolonialgeschichte.

Publikationen: Restauration als Transformation. Untersuchungen zur kurhessischen Verfassungsgeschichte 1813–1830. 1986. – Die Verwaltung der Geschichte. Denkmalpflege und Staat in Deutschland 1871–1933. 1996. – Jugend in der Neuzeit. Deutschland vom 16. bis zum 20. Jahrhundert. 1998. – Geschichte Afrikas. 3. Aufl. 2023. – Der Rest ist für Sie! Kleine Geschichte des Trinkgeldes. 2008. – Ohrfeige, Duell und Ehrenmord. Eine Geschichte der Ehre. 2010. – Eschwege: Eine Stadt und der Nationalsozialismus. 2015. – (Hrsg.) Denkmalsturz. Zur Konfliktgeschichte politischer Symbolik. 1997. – (Mithrsg.) Krieg und Erinnerung. Fallstudien zum 19. und 20. Jahrhundert. 2000. – (Hrsg.) Kommunikationsräume – Erinnerungsräume. Beiträge zur transkulturellen Begegnung in Afrika. 2005. – (Hrsg.) Erinnerungsräume und Wissenstransfer. Beiträge zur afrikanischen Geschichte. 2008. – (Hrsg.) Europäisches Kulturerbe – Bilder, Traditionen, Konfigurationen. 2013. – (Hrsg.) Gewaltgemeinschaften. Von der Spätantike bis ins 20. Jahrhundert. 2013. – (Mithrsg.) Afrikanische Tierräume. Historische Verortungen. 2014. – (Hrsg.) Gewaltgemeinschaften in der Geschichte. Entstehung, Kohäsionskraft und Zerfall. 2017. – (Mithrsg.) Idee Inhalt Form. Beiträge zur Gestaltung der Gegenwart. 2019.